Der Islam kommt uns näher

Lieber Florian,

Du wirst es gewiß erleben.
Sei deshalb vorbereitet, damit
Du mit Bedacht u. Klugheit
antworten kannst.
Auch Dein eigener Glaube
wird Dir umso liebenswerter
und lebenswerter erscheinen

Dein Onkel Walter

Adel Theodor Khoury

Der Islam kommt uns näher

Worauf müssen wir uns einstellen?

Herder

Freiburg · Basel · Wien

Umschlagfoto: © BAVARIA

Herder Freiburg · Basel · Wien
Herstellung: Freiburger Graphische Betriebe 1992
ISBN 3-451-22924-2

Inhalt

ISLAM

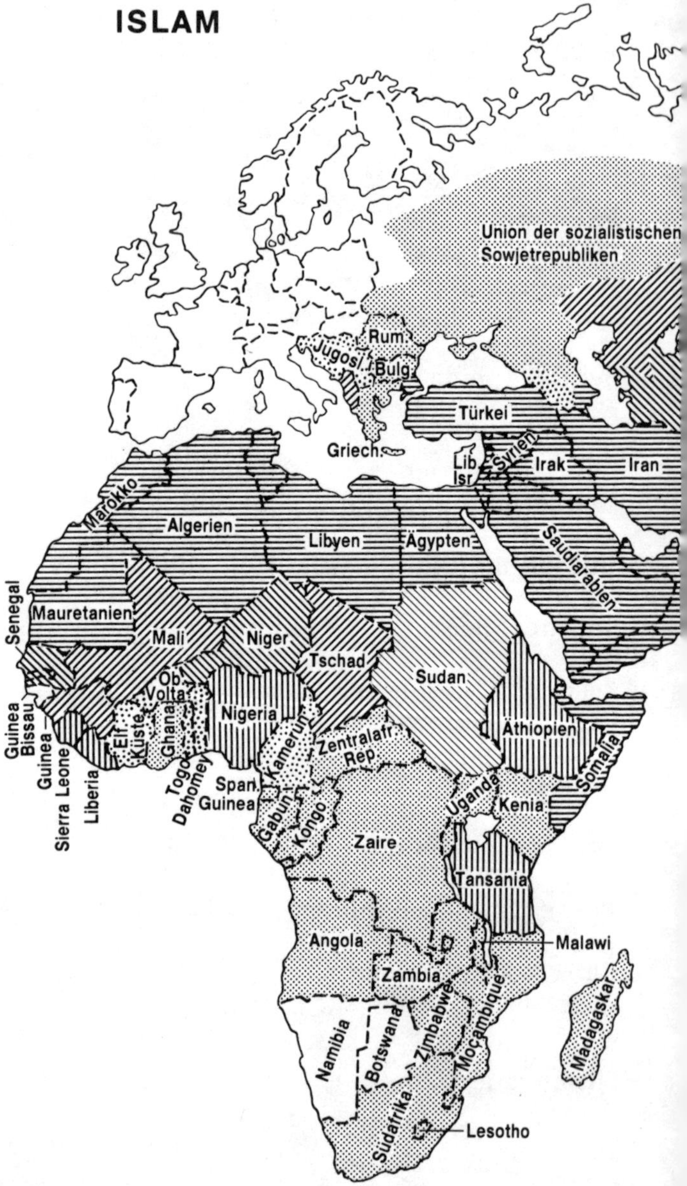

Union der sozialistischen
Sowjetrepubliken
Rum.
Jugosl.
Bulg.
Türkei
Griech.
Lib.
Isr.
Syrien
Irak
Iran
Marokko
Algerien
Libyen
Ägypten
Saudiarabien
Senegal
Mauretanien
Mali
Niger
Tschad
Sudan
Ob. Volta
Nigeria
Äthiopien
Somalia
Guinea Bissau
Guinea
Sierra Leone
Liberia
Elf. Küste
Ghana
Togo
Dahomey
Kamerun
Zentralafr. Rep.
Span. Guinea
Gabun
Kongo
Uganda
Kenia
Zaire
Tansania
Angola
Malawi
Zambia
Moçambique
Madagaskar
Namibia
Botswana
Zimbabwe
Südafrika
Lesotho

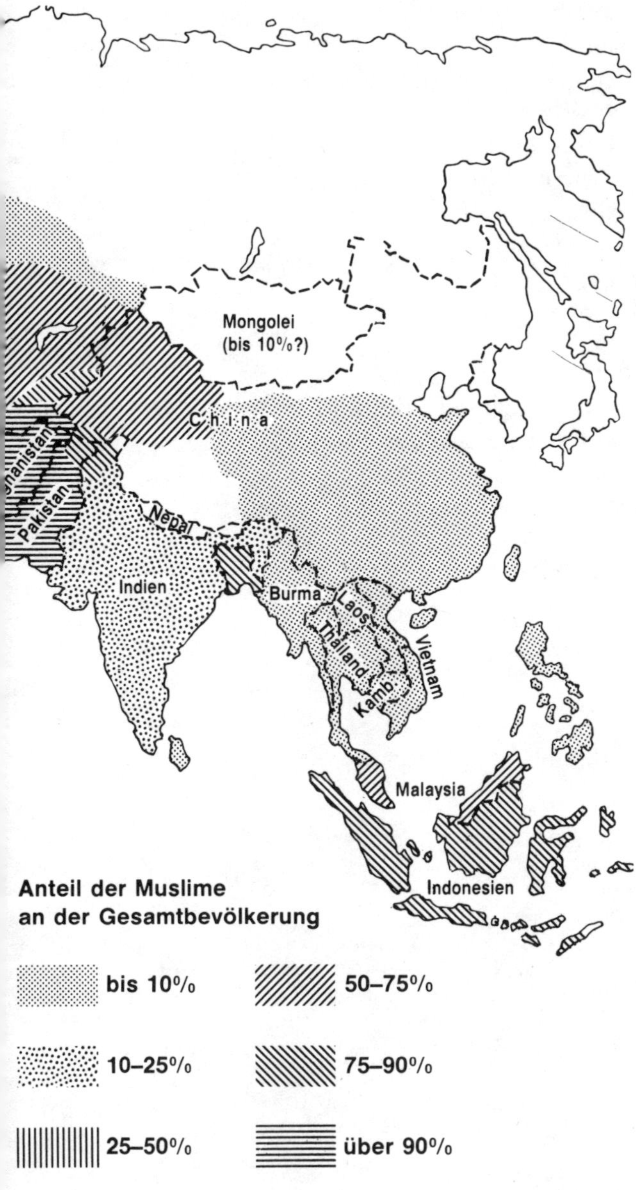
Mongolei
(bis 10%?)
China
Pakistan
Nepal
Indien
Burma
Laos
Thailand
Vietnam
Kamb.
Malaysia
Indonesien
Anteil der Muslime
an der Gesamtbevölkerung
bis 10%
10–25%
25–50%
50–75%
75–90%
über 90%

Umschrift arabischer Buchstaben

'	Explosionslaut
th	englisches th (thing)
dj	französisches j
ḥ	scharfes h
kh	ch (wie in ach)
dh	englisches th (the)
z	französisches z
sh	sch
ṣ	dumpfes s
ḍ	dumpfes d
ṭ	dumpfes t
ẓ	dumpfes englisches th (the)
ʿ	stimmhafter Reibelaut
gh	Gaumen-r
w	englisches w
y	deutsches j
ā, ī, ū	lange Vokale

Vorwort

Fragen an die Muslime

Der Islam erhebt nicht nur den Anspruch, in Ablösung des Judentums und des Christentums die einzig wahre Religion zu sein, sondern er bekräftigt auch diesen Anspruch dadurch, daß er eine alle Bereiche des Lebens umfassende Ordnung festlegt und durchzusetzen sucht. So prägte die klassische Tradition des Islams den Ausdruck: „Der Islam ist Religion und Staat." Was nun das religiöse Gesetz des Islams, das als politische Ordnung die Gesellschaft regiert, beinhaltet, aus welchen Quellen es seine Bestimmungen schöpft und durch welche Autorität es sie sanktioniert, wie der Staat unter dem Gesetz Gottes funktioniert, soll das Thema der Beiträge in diesem Buch sein.

Da jedoch dies alles nicht nur die Muslime betrifft, sondern auch die Nicht-Muslime, die entweder als Mitbürger mit den Muslimen im gleichen Staat leben oder als Nachbarn ihre Beziehungen zu den Ländern der islamischen Welt pflegen, wird auch der Frage nach den Formen des Zusammenlebens und den Chancen der Zusammenarbeit nachgegangen.

Denn die Medien konfrontieren uns fast täglich mit einem Islam, der vor allem ein fanatisches, militantes und bedrohliches Gesicht trägt. Solche beunruhigende Nachrichten rufen bei vielen Menschen tiefsitzende Angstgefühle hervor. Viele fragen sich bereits, ob der nächste Feind der westlichen Welt und der christlichen Kultur wohl Islam heißen wird.

Um dem Islam und den Muslimen gerecht zu werden, muß man im Islam zwischen den politischen Forderungen, die ja bei den verschiedenen aktiven Richtungen unterschiedliche Formen annehmen, und dem religiösen Bereich unterscheiden. Denn es gibt zwar eine fundamentalistische Bewegung, die aggressiv ihren Anspruch anmeldet, allein den reinen Islam zu vertreten und diesen Islam als Gegner des Westens und des Christentums aufzubauen, es gibt aber auch eine islamische Reformbewegung, die nach einem modernen Gesicht des Islams sucht.

An alle, die dem Islam die Zukunft nicht verbauen, sondern ihm neue Horizonte eröffnen wollen, richte ich folgende Fragen, die in tiefem Respekt für die Glaubensüberzeugung der Muslime und im Geiste kritischer Sympathie formuliert sind:

1. Wenn Muslime ihre Vorstellungen und Anschauungen als den einzig authentischen und einzig annehmbaren Ausdruck des wahren Islams hinstellen, überschreiten sie da nicht die Grenzen der Mäßigung und setzen sich der Gefahr des Totalitarismus aus?

2. Ihre Forderung, den politischen und religiösen Lösungen und Modellen der Vergangenheit einen absoluten Wert beizumessen, und ihre Neigung, solche konkrete Lösungen als verbindlich für alle Zeiten, alle Länder und alle Gemeinschaften zu erklären –, zeugen diese nicht von einer fatalen Geschichtsvergessenheit und von einem Nicht-Wahrnehmen des relativen Charakters jeder konkreten Lösung? Leisten sie damit nicht einer unkontrollierten Ideologie Vorschub und reden sie so nicht einem sozialen und politischen Totalitarismus das Wort?

3. Das traditionelle politische Programm des Islams, wie es im klassischen Rechtssystem zum Ausdruck gebracht worden ist, mit seinem Bestreben, die universale Herrschaft des islamischen Gesetzes zu errichten, drängt uns die Frage nach den Menschenrechten und – bei einer Gleichberechtigung aller Bürger – nach einem wirksamen Schutz der Minderheiten auf: Läuft das traditionelle System des Islams nicht Gefahr, als Störenfried bei der Suche nach einer universalen Friedensordnung und einer gedeihlichen Zusammenarbeit aller Nationen zu gelten?

4. Sollte der Islam nicht angesichts der Realität der Welt von heute den Schritt wagen von der überholten Annahme einer einheitlichen Gesellschaft (in der die Muslime die

Herrschaft haben und die Macht ausüben sollen) zur Bejahung einer pluralistischen Gesellschaft?

5. Sollte nicht auf religiösem Gebiet der vom Koran akzeptierte Pluralismus der Religionen (5,43–48) auch von den Muslimen heute bejaht werden und damit der Weg zu einem offenen Absolutheitsanspruch frei gemacht werden?

6. Ist es nicht an der Zeit, von der selbstherrlichen Isolation zur Dialoghaltung überzugehen? Von der Suche nach Herrschaft zur Zusammenarbeit? Vom Getto zur universalen Solidarität aller Menschen mit allen Menschen?

Eine angemessene Antwort auf diese Fragen könnte Muslimen und Christen helfen, ihre von Konflikten und Gegnerschaft gezeichnete Geschichte zu überwinden und zusammen nach Mitteln und Wegen zu suchen, eine stabile Partnerschaft zwischen der islamischen und der westlichen Welt, zwischen den Muslimen und den Christen zu errichten.

Adel Th. Khoury

Die Muslime und ihre Anliegen

Wir erleben heute den erneuten Ausbruch von Konflikten zwischen einigen Ländern und Gruppen der islamischen Welt auf der einen und westlichen Mächten auf der anderen Seite. Große Sorgen bereitet vielen Menschen die Radikalisierung militanter Gruppen in der islamischen Welt sowie die zunehmende Bereitschaft vieler Kontrahenten in der Welt, ihre Auseinandersetzungen mit Gewalt zu lösen. Viele Menschen stellen sich nun die bange Frage, ob unsere leidgeprüfte Welt einer von Gewalt und Feindschaft gezeichneten Zukunft entgegenrennt und ob der politisch auftretende Islam zu einer Störung des mühsam aufrechterhaltenen Gleichgewichts der Welt oder zur Stabilisierung einer erstrebten Weltordnung beitragen wird.

Die folgenden Ausführungen wollen die wichtigsten Angaben über die islamische Welt vorlegen, ihre Richtungen und Organisationen vorstellen, welche versuchen, die Gestalt der islamischen Welt in der Gegenwart und in der Zukunft zu bestimmen, und über die Anliegen und Projekte der islamischen Gemeinschaft Auskunft geben.

Die islamische Welt umfaßt viele Länder in Asien und Afrika in einem Gürtel, der sich von Indonesien und China im Osten bis Marokko und Senegal im Westen erstreckt. Über die genaue Zahl der Muslime in der gesamten Welt und über ihre Verteilung auf die verschiedenen Länder gibt es bislang keine zuverlässigen Zahlen. Nach unsicheren Schätzungen zählen die Muslime in der Welt heute etwa 1029,427 Millionen: in Asien 707,962, in Afrika 276,32 in Europa 40,285, in Amerika 4,6 Millionen und in Ozeanien 260000 (vgl. die Skizze S. 6f).

1 Geschichtlicher Rückblick

Vor dreizehn Jahrhunderten, als Muḥammad, der Verkünder des Islams, im Jahr 632 starb, begann für die junge islamische Gemeinschaft die mühsame Periode der Wahrung ihrer Einheit und der Festigung der Strukturen des Staates. Den ersten Nachfolgern Muḥammads – Khalifen genannt – kam die Aufgabe zu, in Arabien die alleinige Vorherrschaft des Islams zu stabilisieren und seinen Machtbereich über die Grenzen Arabiens hinaus auszudehnen. Unter dem Khalifen ʿUmar (634–644) gelang es den muslimischen Truppen, Damaskus (635) und Syrien, Jerusalem (638) und Palästina, den Irak und einen Teil Persiens (ab 638) sowie Ägypten (638–642) zu erobern.

Unter dem vierten Khalifen ʿAlī (656–661), Vetter und Schwiegersohn Muḥammads, vollzog sich die endgültige Spaltung der islamischen Gemeinschaft und die Bildung der heute noch bedeutenden Richtungen der Sunniten (sie bilden die überwältigende Mehrheit der Muslime: über 750 Millionen) und der Schiiten (Anhänger ʿAlīs).

Mit Muʿāwiya, dem Widersacher ʿAlīs, beginnt die Zeit der Umayyaden (661–750), die den Regierungssitz von Medina nach Damaskus verlegten. Nach innen hatten die Umayyaden gegen die Anfechter ihrer Legitimität, vor allem die Schiiten, und gegen den Aufstand arabischer Stämme zu kämpfen. Gegenüber den jüdischen und den christlichen Minderheiten zeichnete sich ihre Regierungszeit, vor allem in den Anfängen, durch eine beachtliche Toleranz aus, und zwar solange der Verwaltungsapparat, das wirtschaftliche Leben und die medizinische Versorgung der Aristokratie auf die Dienste der Juden und der Christen nicht verzichten konnten. Ab 700 wurde dann eine stärkere Arabisierung und damit eine anhaltende Islamisierung des Verwaltungsapparates durchgesetzt.

Nach außen hin konnte sich die islamische Herrschaft im Westen über ganz Nordafrika (700) bis ins Innere Spaniens hinein (711–717) verbreiten. In Frankreich wurde das Vordringen der muslimischen Truppen bei Poitiers (732) durch Karl Martell aufgehalten. Im Osten überschritten die Muslime die Grenzen Persiens, sie drangen in Indien und in Zentralasien bis nach China vor. Im Jahr 750 fiel die Umayyaden-Dynastie der aufständischen Bewegung der ʿAbbāsiden zum Opfer.

Die ʿAbbāsiden (750–1258) verlegten die Hauptstadt des Reiches endgültig nach Bagdad im Irak. Die ersten hundert Jahre ihrer Herrschaft waren sie bemüht, das Reich zu konsolidieren und zu einem kulturellen Höhepunkt zu führen: Dies erfolgte vor allem unter Hārūn al-Rashīd (786–809) und seinem Sohn al-Ma'mūn (813–833). Aber den ʿAbbāsiden ist es nicht gelungen, auf Dauer die Einheit der vielen, allzu verschiedenen Provinzen des Reiches, das von Spanien bis nach Indien reichte, zu wahren. In Andalusien bildete sich schon im Jahr 756 ein Umayyaden-Reich (bis 1031), in den entlegenen Provinzen machten sich verschiedene Herrscher nach und nach selbständig. In Nordafrika und Ägypten regierten die schiitischen Fatimiden (968–1171), in Ägypten, Syrien und Nordmesopotamien die sunnitischen Ayyubiden (1174–1250), in Ägypten wiederum die Mamluken (1250–1517), ohne daß die Zentralregierung sich zu wehren wußte.

Ab Ende des 13. Jahrhunderts nahm die Bedeutung der Osmanen zu. Diese besetzten die noch nicht eroberten Teile des byzantinischen Reiches in Kleinasien, bis sie zuletzt im Jahr 1453 Konstantinopel einnahmen. Sie drangen vom 13. bis zum 17. Jahrhundert in Ost- und Mitteleuropa ein und bemühten sich um die völlige Beherrschung des Mittelmeerraumes. Zum Osten hin dehnte sich das islamische Reich aus, und zwar bis Indonesien (14.–15. Jahrhundert).

Diese glorreiche Periode, die trotz mancher Wirren eine beachtliche kulturelle Blüte erreicht hat, lebt in der Erinnerung der Muslime als ein Höhepunkt ihrer Geschichte.

Aber die islamische Welt hatte nicht nur Erfolge zu verzeichnen. Zwischen 1095 und 1270 wurde sie von den Kreuzzügen der westlichen Christenheit heimgesucht. In Spanien entriß die Reconquista dem islamischen Reich seine Gebiete; zuletzt fiel Granada, 1492. Im Mitteleuropa wurde der Vormarsch der Osmanen durch die Niederlage ihrer Flotte bei Lepanto 1571 gebremst und etwa hundert Jahre später durch die verlorene Schlacht bei St. Gotthard an der Raab gestoppt. Vor allem aber im 19. und in der ersten Hälfte des 20. Jahrhunderts wurden die meisten Länder der islamischen Welt mit der Übermacht der europäischen Kolonialstaaten konfrontiert. Damit hatten die Muslime nicht nur ihre politische Unabhängigkeit verloren, sondern sie fühlten sich von der Herrschaft, der Kultur, der Zivilisation und der wirtschaftlichen Macht der Kolonialherren erdrückt. Sie liefen sogar Gefahr, ihre eigene Identität zu verlieren, die jahrhundertelang durch den Islam als Religion und Lebensordnung für Gesellschaft und Staat geprägt war.

2 Verschiedene Richtungen

Heute sind die Muslime, nachdem ihre Länder die politische Unabhängigkeit wiedererlangt haben, damit beschäftigt, vor allem die Spuren dieser demütigenden Vergangenheit zu beseitigen. Sie suchen über die Festigung und den Ausbau ihrer politischen Unabhängigkeit hinaus die Befreiung von der Entfremdung zu erreichen, die ihnen die Kolonialzeit gebracht hatte. Wie aber dieses Ziel erreicht werden und welche Gestalt der Islam nun annehmen soll, ist unter den verschiedenen, miteinander konkurrierenden Richtungen in der islamischen Welt umstritten und umkämpft.

Islamisten und Traditionalisten

Die Islamisten und die Traditionalisten erstreben eine vollständige Islamisierung der Gesellschaft und des Staatswesens. Einige gemäßigte Gruppen innerhalb dieser Richtung fragen sich, ob der Wiederherstellung der traditionellen Gestalt des islamischen Staates und der islamischen Gesellschaftsordnung nicht zunächst vorbereitende Phasen vorausgehen müssen, damit der erhoffte Erfolg ohne große Verluste erreicht werden kann. Andere bestehen auf der sofortigen Islamisierung von Gesellschaft und Staat und sind bereit, alle verfügbaren Druckmittel anzuwenden, um dieses Ziel zu erreichen. Ob nun geduldig oder zum sofortigen Handeln entschlossen, diese Gruppen scheinen immer deutlicher die Oberhand in der islamischen Welt zu gewinnen. Sie bieten die islamische Lebensordnung in Religion und Staat als die bessere Alternative zur pluralistischen Gesellschaftsordnung und zum demokratischen System des Westens an. Ihre politische Ideologie beruht auf der Behauptung, der Islam sei die einzige Möglichkeit, die Menschen aus den Krisen der Zeit hinauszuführen und ihnen eine sichere Zukunft zu geben.

Reformisten

Die Reformisten treten als Verfechter einer umsichtigen Hermeneutik in der Deutung der Hauptquellen des Islams (Koran und Überlieferung/Sunna) auf, damit der Islam sich auf die wahren Anliegen dieser Quellen konzentrieren kann und sich nicht immer durch blinde Übernahme des Buchstabens lahmlegen läßt. Sie sind bereit, auf die Erfordernisse der sich verändernden konkreten Lebensumstände zu achten und die Belange der nichtmuslimischen Gemeinschaften und Gruppen zu berücksichtigen. Ihr Hauptziel bleibt jedoch, daß die Grundlagen des Staates auf dem Koran und der Überlieferung des Propheten Muḥammads beruhen, daß das islamische Gesetz (sharīʿa) in seinen Grundzügen zumindest von den Muslimen befolgt wird und der Islam eine gewisse Förderung erfährt.

Modernisten

Unter den Modernisten sind die einzuordnen, welche im praktischen Leben der Bürger in den islamischen Ländern sowie in der Gesetzgebung der Staaten eine Ordnung fordern und durchsetzen wollen, die zwar durch die islamische Tradition geprägt ist, aber nicht einfach eine Restaurierung vergangener Strukturen und Organe beinhaltet, sondern für die Aufnahme von Elementen aus der modernen Welt offenbleibt.

Eine andere Richtung bei den Modernisten ist die der Säkularisten. Die Vorstellungen dieser Richtung werden hauptsächlich von Personen und Gruppen vertreten, die mit der westlichen Kultur und Zivilisation nicht in Konflikt stehen, sondern sie in ihrer Grundgestalt als ein erwägenswertes Modell auch für muslimische Staaten ansehen. Sie favorisieren die moderne Vorstellung von Demokratie und eine teilweise Säkularisierung des Gemeinwesens.

Zwar steht diese Richtung in der Minderheit, bemerkenswert ist jedoch ihre Überzeugung, daß der Islam fähig sei, aus seiner Rechtstradition heraus einer modernen Gestalt des Staates zuzustimmen, ja sie sogar mitzutragen. Denn erst wenn der Islam es schaffe, nicht länger in einer stolzen, aber gefährlichen Isolation zu leben und sich der Herausforderung der modernen Welt zu stellen, könne er seine Aufgabe in unserer einen Welt erfüllen.

Auf die verschiedenen Länder der islamischen Welt bezogen, läßt sich feststellen, daß in der Türkei ein abbröckelnder Laizismus und im Irak und in Syrien ein grundsätzlicher Säkularismus anzutreffen sind. Eine Mischform zwischen Festhalten an der Tradition und kompromißbereiter Haltung gegenüber den Erfordernissen der modernen Zeiten findet sich in Ägypten, Jordanien, Nordafrika und Indonesien sowie in einigen Ländern Schwarzafrikas. Neuerdings zeigt sich eine ziemlich starke Tendenz zur Islamisierung des öffentlichen Lebens in Malaysia, Bangladesh, Pakistan. Es gibt Länder, die nach ihrem eigenen Selbstverständnis auf der Grundlage des Gesetzes des Islams regiert werden: Saudi-Arabien und der Sudan (traditionalistisch), sowie der Iran (schiitischer Islamismus). Libyen wird nach eigener Ideologie regiert (als islamisch reformistisch ausgegeben).

3 Anliegen des Islams

Die Einheit der islamischen Gemeinschaft (Umma)

Die Kurzbeschreibung der verschiedenen Richtungen in der islamischen Welt zeigt deutlich, daß diese keine tiefe Einheit aufweist. Nach der Idealvorstellung des Korans sollte die islamische Gemeinschaft „die beste Gemeinschaft unter den Menschen" sein, denn sie „gebietet das Rechte und verbietet das Verwerfliche und glaubt an Gott" (Koran 3,110). Auch sollte sie das Bild der ursprünglichen Einheit der Menschheit (2,213) widerspiegeln und das Instrument zur Wiederherstellung dieser Einheit sein. „Dies mein Weg er ist gerade. Folgt ihm. Und folgt nicht den verschiedenen Wegen, daß sie euch nicht in verschiedene Richtungen von seinem Weg wegführen" (6,153; vgl. 30,31–32; 21,93; 42,13–14; 6,159; 3,103.105).

Zeichen dieser Einheit war seinerzeit der Khalif, der „Befehlshaber der Gläubigen", wie sein Amt traditionell näher bezeichnet wurde. Dieses Khalifenamt, Träger der Gesamtführung der islamischen Gemeinschaft und Zeichen ihrer Einheit, besteht nun nicht mehr. Die türkische Nationalversammlung unter Atatürk, der der Türkei eine laizistische Verfassung gab, hat das Khalifat am 3. März 1924 offiziell abgeschafft. Damit ging die Einheit der Umma, der islamischen Gemeinschaft, verloren; diese spaltete sich in verschiedene, politisch unabhängige und souveräne Einzelstaaten.

Heute lebt die Einheit der islamischen Welt nur noch in den Herzen derer, die von frühen Zeiten träumen. Die Nationalstaaten zeigen einen wachen Eifer bei der Wahrung und Verteidigung ihrer politischen Souveränität. Keiner von ihnen ist bereit, Ansprüche anderer Staaten oder Staatsführer auf die Gesamtleitung der islamischen Welt ernsthaft zu erörtern, geschweige denn zu akzeptieren.

Um dennoch den Gedanken an die Einheit der islamischen Welt nicht endgültig aufzugeben, wurden verschiedene Organisationen ins Leben gerufen, um die Aktivitäten der verschiedenen Länder, deren Bevölkerung mehrheitlich islamisch ist, nach Möglichkeit zu koordinieren. Die wichtigsten dieser Organisationen sind folgende*.

(1) Der Kongreß der islamischen Welt
Der Kongreß wurde 1926 in Mekka gegründet unter dem Regime des wahhabitischen Königs ʿAbd al-ʿAzīz Ibn Saʿūd (1902–1953). Die Tätigkeit des Kongresses wird von der Losung geleitet: „Gott ist unser Herr, der Prophet Muḥammad unser Vorbild, der Islam unser Lebensweg, der Koran unser Führer und die Kaʿba der Ort unserer Einigung". Der Exekutiv-Ausschuß, der sich aus Persönlichkeiten des öffentlichen Lebens zusammensetzt, und das Generalsekretariat (jetziger Sitz: Karachi/Pakistan) widmen sich folgenden Aufgaben: Beratung islamischer Regierungen; Analyse gewonnener Erkenntnisse über die sozioökonomische und geopolitische Situation der islamischen Welt; Erforschung kultureller, religiöser und sozialer Strömungen in ihren Ursachen und Wirkungen; Aufarbeitung der Probleme und Erfahrungen islamischer Gemeinden in der Diaspora; Begleitung des christlich-islamischen Dialogs.

(2) Die Islamische Konferenz
Die Islamische Konferenz vereinigt die politischen Vertreter der islamischen Länder auf höchster Ebene und bedient sich der Arbeit der Islamischen Außenministerkonferenz und eines eigenen Generalsekretariats (jetziger Sitz: Jedda/Saudi-Arabien).

In der am 4. März 1972 verabschiedeten Charta werden in Art. 2 die Ziele und Grundsätze der Konferenz formuliert:

▷ Die Solidarität in den Mitgliedstaaten fördern.

▷ Die Zusammenarbeit im wirtschaftlichen, kulturellen und wissenschaftlichen Bereich festigen und sich bei der Mitarbeit in internationalen Organisationen gegenseitig informieren und beraten …

---

* Vgl. dazu *M. S. Abdullah,* Islam-Organisationen, CIBEDO-Dokumentaion 5, Köln 1979.

Daß aber diese Konferenz nicht zum Ziel hat, die Einheit der islamischen Welt wiederherzustellen, zeigen Grundsätze wie folgender:

▷ Respektierung von Souveränität, Unabhängigkeit und territorialer Integrität der Mitgliedstaaten.

(3) Die Liga der Islamischen Welt
Die Liga, 1962 in Mekka gegründet, widmet sich hauptsächlich religiösen Aufgaben. Neben ihrer Rolle als Instrument der Verkündigung und Verbreitung des Islams sowie der Unterstützung der muslimischen Gemeinden in aller Welt, hat sich die Liga zur Aufgabe gestellt, „alle Bestrebungen zu unterstützen und zu koordinieren, die dazu angetan sind, die muslimische Einheit zu vollenden und die inner-islamische Solidarität zu festigen". Das Sekretariat der Liga hat seinen Sitz in Mekka.

Eine islamische Wirtschaftsordnung

Es gibt muslimische Wirtschaftswissenschaftler, die über eine islamische Wirtschaftsgemeinschaft nach dem Vorbild der Europäischen Wirtschaftsgemeinschaft laut nachdenken. Da jedoch auf politischem Gebiet die bestehenden Organisationen nicht über die Rolle von Beratungsgremien hinausgehen, wird man solche Gedanken über eine wirtschaftliche Gemeinschaft nur als eine erste Phase der Entwicklung von geeigneten Vorstellungen bewerten. Ein Ausdruck dieser Vorstellungen findet sich z. B. in der sogenannten „Universellen Islamischen Deklaration" vom April 1980:

▷ „Die muslimische Welt soll einen Islamischen Fonds für gegenseitige Hilfe gründen, durch welchen Mittel für muslimische Länder bereitgestellt werden sollen.

▷ Die muslimische Welt soll ihre eigenen Geldreserven aufbauen und verwalten; außerdem soll sie geeignete Maßnahmen ergreifen, um ein gemeinsames Währungssystem zu gründen.

▷ Unter den muslimischen Ländern soll ein gemeinsamer Markt ins Leben gerufen werden.

▷ Die muslimische Welt soll ihre eigenen Institutionen gründen, um den Dienstleistungssektor (z. B. Banken, Versicherungen, Reisen, Schiffahrt, Verpackung, Transport, Werbung und Verkauf) in eigener Regie zu kontrollieren.

▷ Die muslimische Welt soll die Produktionspolitik und die vertraglich abgesicherten Programme zur Entwicklung und Verbesserung von Qualität und Technik der landwirtschaftlichen und industriellen Produktion in den verschiedenen Ländern koordinieren ...

▷ Die muslimische Welt soll eine gemeinsame Politik ausarbeiten und stabile Preise für ihre Rohstoffe und Bodenschätze zu erhalten ...

▷ Die muslimische Welt soll versuchen, eine grundlegende Änderung des gegenwärtigen internationalen Wirtschafts- und Währungssystems zu erreichen, so daß auch die Entwicklungsländer ein gerechtes und angemessenes Wort beim Entscheidungsprozeß mitreden können*."

Die Konsolidierung des Islams in der Diaspora und die Verbreitung des Islams

Eine der Sorgen der islamischen Gemeinschaft gilt der Situation der Muslime in der Diaspora. Die Liga der Islamischen Welt hat sich u. a. zur Aufgabe gemacht, diese Muslime im Glauben zu stärken und für sie funktionierende Gemeinden aufzubauen. Darüber hinaus versucht sie, auch die religionspolitischen Maßnahmen dieser Gemeinden zu dirigieren und sie unter ihren Einfluß zu bringen. Es gibt jedoch, vor allem unter den Türken, Gemein-

* Zitiert nach der deutschen Übersetzung der Deklaration: CIBEDO-Texte 4, Köln 1980, S. 15–16. Ähnliche Vorstellungen wurden auf der Konferenz des Islamrates für Europa zum Thema „Die muslimische Welt und die künftige Wirtschaftsordnung", London, Juni 1977, entwickelt. Vgl. zum gesamten Fragenkomplex einer islamischen Wirtschaftsordnung: *Volker Nienhaus,* Islam und moderne Wirtschaft. Positionen, Probleme und Perspektiven (Islam und westliche Welt 6), Graz/Wien/Köln 1982.

den, die sich selbst ihre Organisation und die nötigen Finanzmittel zum Aufbau und zum Funktionieren der Gemeinden besorgen.

Es gibt auch Organisationen, die darüber hinaus eine Art Missionstätigkeit unter den Nicht-Muslimen betreiben. Für Deutschland sind es z. B. das „Islamische Zentrum" in Aachen und in München, die Gemeinschaft „Ruf des Islams" in Bonn, die „Islamische Weltmission" in Essen, sowie die aus der Gemeinschaft der Muslime ausgeschlossene „Aḥmadiyya-Muslim-Bewegung" in Frankfurt.

In der weiten Welt versuchen die Verkünder des Islams, ihre Religion zu verbreiten und ihr zu ihren religiösen und politischen Zielen zu verhelfen. Sie verzeichnen dabei einigen Erfolg. Die Gründe für diesen Erfolg z. B. in Schwarzafrika können folgendermaßen angedeutet werden.

Der Islam stellt sich in Afrika als eine Religion vor, die eine solidarische Gemeinschaft begründet, die sich in einer ersten Phase mit der Tradition und den Bräuchen der Stämme arrangiert. Er tastet die Familien- und Verwandtschaftsstruktur, die in Afrika eine überaus große Bedeutung hat, kaum an. In einer weiteren Phase, wenn sie eine gewisse soziale Größe erreicht haben, verlangen die Muslime eine Beteiligung an der Staatsmacht, an der Gestaltung des gesellschaftlichen Lebens, und zwar nach Maßgabe des islamischen Gesetzes, bis hin zur völligen Übernahme der Macht im Staat.

Außerdem stellt sich der Islam, im Gegensatz zum Christentum, als die Religion der Nicht-Weißen, als die Religion der Dritten Welt vor.

Da auch reiche islamische Länder ihre Möglichkeiten zur Ausbreitung und zur Festigung des Islams einsetzen, gewinnt mancher den Eindruck, daß der Islam zum kräftigen sozialen und wirtschaftlichen Aufstieg seiner Anhänger und zur Entwicklung ihrer Gemeinschaften und Länder beiträgt.

Unterstützung findet die missionarische Tätigkeit des Islams durch Organisationen und Fonds, die Entwicklungshilfe leisten und islamische Ziele tatkräftig fördern. Genannt seien die Arabische Bank für die wirtschaftliche Entwicklung Afrikas (1974 von der Arabischen Liga gegründet), die Islamische Bank für die Entwicklung (auf Vorschlag Saudi-Arabiens 1974 gegründet), der Arabische Fonds zur technischen Hilfe für Afrika (1974), der Arabische Spezialfonds zur Hilfe für Afrika (von den arabischen Ölländern 1974 beschlossen).

4 Eine Anmerkung

Bedenklich, ja gefährlich für die künftigen Beziehungen zwischen der islamischen Welt und dem Westen auf der einen und zwischen Islam und Christentum auf der anderen Seite ist die Erstarkung des radikalen Islamismus und die zunehmende Politisierung des Islams. Den enttäuschten Menschen in der islamischen Welt bieten die Islamisten die Lebensordnung und das Gesetz des Islams als das einzige Mittel an, alle ihre Probleme zu lösen, auch die Probleme kultureller und wirtschaftlicher Art, die eine Religion eigentlich nicht in der Lage ist, anzugehen und praktisch zu lösen. Die Verheißungen der Islamisten gründen nicht auf dem Nachweis der Wirksamkeit des Islams in der heutigen Zeit, sondern auf dem bloßen Glauben, auf einer Ideologisierung des Glaubens.

Ein bedeutender muslimischer Denker, Mohamed Talbi (Tunis), stellt die besorgte Frage: „Die Muslime, die durch eine Art Selbsterhaltungstrieb der Versuchung erliegen können, sich zu isolieren, die Positionen zu verhärten, sich noch mehr in ihre Lager zurückzuziehen und sich in eine majestätische Ablehnung zu hüllen, fragen wir: Ist das eine gute Lösung?"*

Der zeitgenössische Islam muß sich der Aufgabe stellen,

---

* *Mohamed Talbi,* Islam und Dialog, in: Moslems und Christen – Partner? (Islam und westliche Welt 1), hrsg. von M. Fitzgerald / A. Th. Khoury / W. Wanzura, Graz/Wien/Köln 1976, S. 150.

seine Rolle in der Welt als „Zeuge für die Gerechtigkeit" (Koran 5,8) zu erfüllen und seinen Beitrag zum Aufbau einer humanen Gesellschaft zu leisten, in der die universale Solidarität aller Menschen miteinander anerkannt und in die Tat umgesetzt wird.

Buch und göttliche Weisung

Der Koran, Buch Gottes

1 Die Mitte des Islams ist ein Buch

Der Islam ist eine Buch-Religion, d. h. eine Religion, deren Mittelpunkt nicht eine Person ist – etwa Muḥammad –, sondern ein Buch: der Koran.

Muḥammad ist der Prophet des Islams und der Verkünder des Korans, aber nicht die Mitte der islamischen Religion. Die Mitte des Islams bildet der Koran, das Buch, in dem die Offenbarungen Gottes nach dem Glauben der Muslime wörtlich verzeichnet sind. Von einem Buch bezieht also der Islam seine Legitimation. Auf ein Buch begründet er seinen dreifachen Anspruch: seinen Anspruch, nach dem Judentum und dem Christentum nun die einzig wahre Religion zu sein, alle anderen Religionen zu überbieten und sie so in ihrer universalen Geltung aufzuheben (Absolutheitsanspruch); seinen Anspruch, alle Bereiche des Lebens für die einzelnen, die Familie, die Gemeinschaft der Muslime, die Gesamtgesellschaft, den Staat sowie für die internationalen Beziehungen nach seinen Ordnungsvorstellungen zu regeln und zu regieren (Totalitätsanspruch); endlich seinen Anspruch, alle Menschen zur Annahme des Islams aufzurufen und sie dem Gesetz des Islams zu unterwerfen (Universalitätsanspruch).

Diese überaus große Bedeutung des Korans als Buch wird verständlich auf dem Hintergrund entscheidender Erlebnisse bzw. Erfahrungen Muḥammads selbst. Über das Berufungserlebnis Muḥammads weiß die islamische Überlieferung folgendes nach den Worten des Propheten selbst zu erzählen:

Während ich schlief, kam er (Gabriel) mit einer Decke aus Seidenbrokat, in welcher sich ein Buch befand, zu mir. Er sprach: Lies! Ich sagte: Ich lese nicht. Da würgte er mich mit dem Buch, so daß ich vermeinte, sterben zu müssen. Dann ließ er mich los und sagte wieder: Lies! Wieder sagte ich: Ich lese nicht. Und abermals würgte er mich, daß ich vermeinte, sterben zu müssen. Dann ließ er mich los und sagte wieder: Lies! Wieder sagte ich: Ich lese nicht. Und abermals würgte er mich, daß ich vermeinte, sterben zu müssen. Er ließ mich los und sagte wieder: Lies! Ich sagte darauf: Was soll ich denn lesen? So sagte ich nur, um zu verhüten, daß er mir wieder das antue, was er mir bisher angetan hatte. Auf die Frage: Was soll ich denn lesen? antwortete Gabriel: Lies im Namen deines Herrn, der erschaffen hat, den Menschen erschaffen hat aus einem Embryo. Lies! Dein Herr ist der Edelmütigste, der durch das Schreibrohr gelehrt hat, den Menschen gelehrt hat, was er nicht wußte (Koran 96, 1 5).[1] *Und so las ich diese (Worte). Dann ließ Gabriel von mir ab und entfernte sich. Ich aber erwachte von meinem Schlaf, und es war mir, als wäre in mein Herz eine Schrift eingeschrieben worden ...*[2]

Aus diesem Erlebnis wird deutlich, daß Muḥammad mit der Offenbarung Gottes in der Gestalt eines Buches konfrontiert wird. Das ist ein Buch, das von Gott her kommt, das die ewige Botschaft Gottes enthält, festgehalten in einer Schrift und damit den geschichtlichen Ereignissen in ihrem Grundgehalt enthoben und jenseits irdischer Umwälzungen und Veränderungen stehend. Aus diesem Buch, Urnorm der Wahrheit und Richtschnur der Rechtleitung, muß der neu berufene Prophet lesen. Er muß zunächst einmal für sich selbst lesen, die Botschaft in sich aufnehmen, sie verinnerlichen, damit er in der Lage sei, die Offenbarung den Menschen zu verlesen, vorzulesen, vorzutragen.

Vor diesem Berufungserlebnis hatte Muḥammad viele Jahre lang Kontakte zu Juden und Christen. Es muß ihn sehr beeindruckt haben, daß diese Religionsgemeinschaften heilige Bücher besaßen, die sie im Gottesdienst benutzten und sonst als mit absoluter Autorität versehene Urkunde des Glaubens und der göttlichen Weisung betrachteten. Der Koran nennt an vielen Stellen die Tora, das Buch Gottes für die Juden, und er verlangt zuletzt von den Juden, diese Tora einzuhalten (5, 44). Die gleiche Forderung erhebt er gegenüber den Christen im Hinblick auf das Evangelium Jesu Christi (5, 46–47; vgl. 5, 68). Der Koran nennt auch die Psalmen des David (4, 163; 17, 55). Endlich schreibt er sogar von Abraham, daß er Blätter (eines heiligen Buches) hinterlassen haben soll (87, 19).

Der Koran nennt daher die Juden und die Christen „die Leute des Buches". Damit deutet er auf ihre Überlegenheit in religiösen Fragen gegenüber den Polytheisten, den Ungelehrten, die keine Schrift besitzen. Er betrachtet die Tora des Mose als ein Vorbild für die nachfolgenden Schriften und Gemeinschaften (11, 17; 25, 74). Er fordert sogar die Menschen auf: „So fragt die Besitzer der Ermahnung [= der früheren Offenbarungen], wenn ihr nicht Bescheid wißt" (16, 43; 21, 7).

An diesen Äußerungen kann man ablesen, daß Muḥammad davon überzeugt sein mußte, daß eine göttliche Botschaft ihren vollen Nutzen erzielt und ihre Autorität richtig verankert, wenn sie in Form eines Buches fixiert und den Menschen vorgelegt wird. Dies ist auch an den verschiedenen Bezeichnungen, die der Koran trägt, erkennbar.

Bezeichnungen und Funktionen des Korans

Koran

Das heilige Buch des Islams heißt *Koran*. Das ist die verdeutschte Form des arabischen Wortes „Qur'ān". Es stammt vom Verb „qara'a": lesen, vortragen.

In dieser Bezeichnung werden zwei Funktionen der heiligen Schrift erkennbar: Der Koran ist ein Lektionar, das zur Rezitation benutzt wird, und er ist ein Lesebuch als fixierte Urkunde der Offenbarung.

▷ Der Koran ist zunächst einmal ein *Lektionar*, in dem gelesen und aus dem vorgelesen wird. Dies ist eine zentrale Funktion heiliger Schriften in einer Religionsgemeinschaft. Das Vortragen, das Vorlesen gewinnt besonders an Bedeutung in einer Analphabeten-Gesellschaft, wie die frühislamische Gemeinde eine war. Der Koran ist also die

Sammlung der heiligen Texte, die immer wieder verlesen oder vorgetragen oder rezitiert werden.

In diesem Sinn wird die Vokabel Koran in einigen Versen gebraucht: „Uns obliegt es, ihn zusammenzustellen und ihn vorzulesen *(qur'ānuhū).* Und [erst] wenn Wir ihn vorgelesen haben, dann folge du der Art, ihn vorzulesen" (75,17–18). – „Verrichte das Gebet ..., und [auch] die Koranlesung bei Tagesanbruch. Der Koranlesung bei Tagesanbruch soll man beiwohnen" (17,78).

Als Lektionar dient der Koran dem Rezitator, der Abschnitte aus dem heiligen Buch vor versammelter Gemeinde vorträgt. Auch die Beter, einzeln oder bei versammelter Gemeinde am Freitagmittag, rezitieren die Eröffnungssure [al-fātiḥa] sowie weitere Verse des Korans zur Verrichtung des Pflichtgebets.

Ob die Korantexte feierlich oder leise rezitiert werden, sie sollen die Gläubigen an Gott binden, auf sie einwirken und in ihnen die Hingabe in den Willen Gottes [islām] stärken.

▷ Das Wort Koran bedeutet auch das zu Lesende, *Lesebuch,* die Sammlung der Offenbarungen Gottes, die als Urkunde der göttlichen Botschaft betrachtet wird und so zum Nachschlagewerk des Islams wird. Den Koran muß der fromme Gläubige lesen, um darin Belehrung, Erbauung, Ermahnung und praktische Weisungen zu finden. Auch der Mystiker sucht darin Unterstützung seiner Meditation und seines Strebens nach einer innigeren Begegnung mit Gott. Für den Rechtsgelehrten ist der Koran die absolute Autorität in allen Fragen der Rechtsbestimmungen und der konkreten Gesetze der Gemeinschaft. Seine Weisungen sind nicht hinterfragbar, aus seinen Aussagen werden Rechtsgrundsätze, Richtlinien und konkrete Lösungen erarbeitet.

Entscheidungsnorm

Eine Bezeichnung des Korans ist *Entscheidungsnorm* (furqān) (2,185; 25,1; vgl. 3,4). Als solche ist der Koran der Inbegriff der göttlichen Rechtleitung. In unzähligen Versen wird das unterstrichen, was bereits am Anfang der Sure 2 festgestellt wird: „Dies ist das Buch, an ihm ist kein Zweifel möglich, es ist eine Rechtleitung für die Gottesfürchtigen" (2,2). So fordert der Koran von den Gläubigen: „Fürchtet nun Gott, soviel ihr eben könnt. Und hört zu und gehorchet" (64,16). Der Glaube und die Bemühung um ein Leben in der Furcht Gottes lassen somit die Menschen die Funktion des Korans als Rechtleitung Gottes besser erkennen und die Handhabung seines Gesetzes richtig gestalten.

Denn dieses Gesetz ist Licht, das Einsicht bringt und die Urteilsbildung ermöglicht. Unter den vielen Stellen sei hier nur eine zitiert: „Gekommen ist ... von Gott ein Licht und ein offenkundiges Buch, mit dem Gott diejenigen, die seinem Wohlgefallen nachgehen, die Wege des Friedens leitet und sie aus den Finsternissen ins Licht herausbringt mit seiner Erlaubnis; und Er leitet sie zu einem geraden Weg" (5,15–16; vgl. 14,1; 65,11). Dieses Licht ist nicht nur ein Licht von oben, das den Weg der Gläubigen deutlich macht, so daß sie in Sicherheit wandeln können (vgl. 57,28), sondern es läßt auch im Innern des Menschen ein Licht aufkommen, das ihn verständig macht (u.a. 2,242) und Einsicht als Hilfe zur Urteilsbildung bringt (6,104).

Das Gesetz ist die Grundlage der richtigen Entscheidung, die Richtschnur der praktischen Ausführung der getroffenen Entscheidung und die Norm des Handelns (vgl. 5,48; zu praktischen Fällen 4,11.25.176).

Um seine Funktion als Entscheidungsnorm und Schiedsrichter genau erfüllen zu können, bemüht sich das koranische Gesetz, alle Bereiche des Lebens zu erfassen. Es enthält detaillierte Bestimmungen (vgl. 7,32.52; 6,126; 9,11). Der Koran selbst bestätigt es: „Und Wir haben das Buch auf dich hinabgesandt, um alles deutlich zu machen, und als Rechtleitung, Barmherzigkeit und Frohbotschaft für die Gottergebenen" (16,89).

Buch

Vor allem und in den meisten Fällen wird der Koran als *Buch* bezeichnet. Dieses Buch ist ein himmlisches in dem Sinne, daß es die Botschaften Gottes enthält, die den Gläubigen vorgetragen werden sollen, daß es die Urkunde und das Verzeichnis der Satzungen und Rechtsbestimmungen Gottes ist. Noch mehr: Der Koran ist das Buch Gottes; Gott habe ihn Wort für Wort dem Propheten Muḥammad übermitteln lassen. Seine Worte sind die Worte Gottes. Diese Worte Gottes besitzen eine überweltliche Existenz, wie Gott selbst, der sie gesprochen hat. Einige Verse des Korans sprechen sogar von einem Urbuch, einer Urnorm des Buches (umm al-kitāb: 13,39; 43,2–4); dieses ewige Buch werde im Himmel aufbewahrt und könne als das Original gelten, dessen Abschriften alle heiligen Bücher der verschiedenen Religionsgemeinschaften seien (vgl. 56,77–80; 85,21–22; 43,4).

Damit wird der Koran als ewiges Buch Gottes in die Transzendenz erhoben; er stehe über Zeit und Geschichte, ohne Veränderung, ewig gültig. Die Aufgabe der Menschen sei, sich seine Botschaft immer wieder zu vergegenwärtigen und ihren Kurs entsprechend zu korrigieren.

Gedenken

Im Zusammenhang mit dieser Aufgabe der Vergegenwärtigung der koranischen Botschaft steht die Bezeichnung des Korans als dhikr: Erinnerung, Gedenken, Ermahnung.

Was in Erinnerung gerufen werden soll, ist der Grundgehalt des Korans und aller prophetischen Verkündigung: das, was die sogenannte Uroffenbarung ausmachte. Denn die göttliche Offenbarung, die nach islamischer Überzeugung ihren offiziellen und endgültigen Abschluß mit Muḥammad fand, reiche in ihren Anfängen in die Urzeit zurück. Nach der Vorstellung des Korans hat Gott einem jeden einzelnen Menschen den Grundgehalt der späteren prophetischen Botschaft kundgetan, und zwar dadurch, daß er am Anfang zu den Menschen sprach: „Bin Ich nicht euer Herr? Sie sagten: Jawohl, wir bezeugen es" (7,172). Dazu kam die Verpflichtung, Gott allein zu dienen (36,60–61).

Diese Vorstellung von einer Uroffenbarung und einem Urpakt zwischen den Menschen und Gott besagt, daß die

Erkenntnis Gottes, die Anerkennung seiner absoluten Souveränität und damit verbunden der Gehorsam der Menschen und ihre Ergebung in den Willen Gottes im Herzen eines jeden Menschen verankert sind, jedem Menschen zugänglich sind und auch die Pflicht eines jeden Menschen darstellen.

Die Rolle der Propheten zu allen Zeiten besteht darin, die vergeßlichen Menschen, die aus mannigfaltigen Gründen dennoch zum Glauben an Gott und zum Gehorsam gegen seinen Willen nicht finden, auf die Zeichen Gottes in der Schöpfung hinzuweisen und an sein Wirken im Leben der Menschen und der Völker zu erinnern. Diese Erinnerung soll eine Ermahnung zur Umkehr und zur Treue sein.

Auch der Koran ist an die Adresse der Araber und darüber hinaus der vielen Menschen in der Welt eine Erinnerung an die Grundbotschaft Gottes: „Es gibt keinen Gott außer Mir, so dienet Mir!" (21,25; vgl. 16,37). Daß der Koran eine Erinnerung und Ermahnung ist, sagt er selbst in vielen Versen (u.a. 3,58; 6,69.90; 7,2.63.69; 11,114.120; 12,104; 20,3; 56,73 usw.).

2 Umgang mit dem heiligen Buch

Diese Erinnerung an die Botschaft Gottes, diese Ermahnung an die Menschen den Willen Gottes zu suchen und seinen Befehlen und Vorschriften zu gehorchen, ist im Islam in Form eines Buches, einer schriftlich fixierten Urkunde, überliefert. Diese schriftliche Fixierung der Botschaft soll helfen, den Inhalt der Offenbarung und der Verkündigung genau zu wahren. Damit wird es immer wieder möglich, diesen genauen Inhalt festzustellen, aufgrund dieses Inhalts, jede Äußerung von Predigern, Theologen und Rechtsgelehrten einer Kontrolle zu unterziehen und ihre Richtigkeit nachzuprüfen. Die Vermittlung der Botschaft soll damit erfolgen können ohne die Gefahr, sie in ihrem Wortlaut zu verfälschen. Denn ihre schriftliche Fixierung schützt sie gegen die Schwächen mündlicher Überlieferung, gegen menschliche Fehlerhaftigkeit und gegen gewollte Einschübe und beabsichtigte Manipulation. Somit kann das ursprüngliche, von Gott übermittelte und vom Propheten verkündete Wort immer wieder durch einen treuen Vortrag in seinem unverfälschten Inhalt reaktiviert, reaktualisiert, gegenwärtig gemacht werden, und damit kann es in den Menschen seine Wirkung neu entfalten.

Das bedeutet, daß die Gläubigen einen sorgsamen Umgang mit dem heiligen Buch pflegen sollen. Sie sollen zuhören und gehorchen (vgl. 64, 16). Die Muslime behandeln den Koran mit Ehrfurcht: Es steht auf dem ersten Blatt mancher Koranexemplare die Mahnung: „Berühren dürfen ihn nur die Reinen." Sie lernen ihn korrekt lesen und rezitieren. In wichtigen Fragen des Glaubens und des Rechts lassen sie für die Argumentation nur das arabische Original als Quelle zu. Noch mehr: Einige besonders eifrige Gruppierungen in der islamischen Welt predigen die Rückkehr zu den konkreten Ordnungsmodellen und zu den konkreten Gesetzen, die im Koran festgelegt werden. Denn diese seien für alle Zeiten maßgeblich und bildeten die beste Ordnung für Gesellschaft und Staat.

3 Einige Anmerkungen

Die schriftliche Fixierung des Offenbarungswortes ist trotz der positiven Funktionen, die sie erfüllt, nicht ohne Gefahr. Wenn man das geschriebene Wort absolut setzt und seine Verbindung mit dem Leben außer acht läßt, droht eine Erstarrung der Religion durch Verlust der Flexibilität und der Fähigkeit, die sich wandelnden Umstände des Lebens und der Gesellschaft wahrzunehmen und zu berücksichtigen. Es droht der Verlust der tiefen Grundidentität der Botschaft. Das Wort wird zu wörtlich genommen, abgeschnitten von seiner tiefen Intention und seiner grundlegenden Zielsetzung, das Leben dadurch zu fördern, daß es mit Gott verbindet. Dies ist nur eine Variante der umfassenderen Problematik der Spannung zwischen Tradition und Fortschritt,

Wortlaut und Intention, konkreten Institutionen und zugrunde liegender Absicht, Treue und Entfaltung usw.

Durch die Festlegung des Lebens auf die konkreten Lösungen des schriftlich fixierten Wortes droht eine Art Ideologisierung des Wortes Gottes. Fundamentalisten und Radikale gebrauchen das Wort der Offenbarung als Legitimierung und Instrument ihrer konkreten Zielsetzungen und neigen damit zum Totalitarismus. Sie setzen sich über die Geschichte hinweg mit deren Entfaltungen, angepaßten Bestimmungen, Kompromissen und offengehaltenen Möglichkeiten. Und sie übersehen, daß alle konkreten Ordnungen und Modelle geschichtsgebunden sind und daher nur in ihrer Intention und ihren Werten Gültigkeit für weitere Generationen und Zeiten beanspruchen können.

Es gibt auch im Islam Gruppen und Bewegungen, die diesen Gefahren erliegen. Sie wollen sich an die Normen und konkreten Bestimmungen des Korans und an die Institutionen des Medina-Staates unter dem Propheten Muḥammad (622–732) halten. Sie gehen davon aus, daß dieser konkrete Staat Modellcharakter für alle Zeiten und alle Menschen besitzt, daß die islamische Gesellschaft auf die damaligen Gesetze und Institutionen verpflichtet werden muß.

Aber gerade die Festlegung der Religionsgemeinschaft in Gesellschaft und Staat auf eine konkrete Lebensordnung und auf konkrete Verhaltensmuster der Vergangenheit wirkte oft in der Geschichte und wirkt heute noch repressiv für die menschliche Freiheit, für eine Freiheit, die sich ihrer vollen Verantwortung für die Bewältigung der Gegenwart und die Planung der Zukunft bewußt ist. Das liegt daran, daß man eben den gerade erwähnten Unterschied zwischen den konkreten Inhalten der ursprünglichen Institutionen und Lösungen und der tiefen Intention, die ihnen zugrunde liegt, übersieht oder ignoriert. Die konkreten Lösungen der Frühgemeinde beziehen doch ihre Bedeutung von ihrer Fähigkeit, in der damaligen konkreten Situation den idealen Werten und den Normen zu entsprechend und sich an ihnen immer wieder zu messen, um die Verwirklichung besserer konkreter Formen und besserer Institutionen zu fördern.

Angesichts der Gefahr der Ideologisierung des Islams in

seinen beiden Hauptquellen, dem Koran und der Tradition des Propheten Muḥammad, ist es nützlich, darauf hinzuweisen, daß der Islam in seiner Rechtstradition oft ungenutzte Möglichkeiten enthält, Flexibilität zu zeigen oder wiederzugewinnen. Es geht hierbei um die Hinweise der exegetischen Tradition auf die Bedeutung der Gründe einer rechtlichen Bestimmung und auf die geschichtlichen Anlässe der Offenbarung. Außerdem wenden Rechtsgelehrte (wenigstens in der Rechtsschule der Ḥanafiten, der größten im Islam) die Grundsätze der Billigkeit und des Interesses der Gemeinschaft bei der Rechtsfindung an.

Aber der Koran ist nicht nur das politische Instrument fundamentalistischer Gruppen. Er ist für die Mehrheit der Muslime das Buch Gottes, das sie in ihrem Leben, im Alltag und bei besonderen Anlässen begleitet. In jeder Situation findet der Gläubige passende Worte, die ihn ermuntern, im Gehorsam gegen den Willen Gottes auszuharren. Andere Stellen spenden ihm Trost, wenn er trauert. Wieder andere vermitteln ihm die Weisheit umsichtiger Überlegung und tiefer menschlischer Erfahrung und verhelfen ihm zu einer Einsicht, die sein Leben fördert und ihm innere Zufriedenheit verleiht.

Und wenn das geschriebene Wort Gottes in feierlicher oder einfacher Form rezitiert wird, kann der Gläubige dieses Wort in seiner ganzen Faszination in sich aufnehmen, es meditieren, auskosten.

So ist der Koran, das heilige Buch, der Wegweiser des Gläubigen zu Gott. Er lehrt ihn, zu Gott zu reden, ihn anzurufen und sich in der besten Weise seinem Willen zu unterwerfen, sich seinem Dienst hinzugeben, d.h. im eigentlichen Sinn Muslim zu sein.

Anmerkungen

[1] Korantexte werden nach meiner Übersetzung zitiert: Der Koran, Übersetzung von *Adel Theodor Khoury*, Unter Mitwirkung von M. S. Abdullah, Gütersloh [2]1992.

[2] Zitiert mit Ausnahme der Koranverse bei *Hermann Stieglecker*. Die Glaubenslehre des Islam, Paderborn [2]1983, 357.

Das Gesetz Gottes

Eine koranische Theologie des Gesetzes

Der Islam will die Religion der totalen Hingabe an Gott sein, die Religion der vollkommenen Unterwerfung des Menschen unter den Willen des einen, einzigen, gnädigen und barmherzigen Herrn. Alles im Leben der Menschen soll in diese Hingabe einbezogen werden. Das Denken und das Reden als Ausdruck des Denkens, der Glaube und das Handeln als Ausdruck des Glaubens, das Leben der einzelnen, der Familie und der Gemeinschaft sowie die zwischenstaatlichen Beziehungen: Alles unterliegt der Führung Gottes und gehört somit in den direkten Einflußbereich der Religion. Es gibt also im traditionellen Islam keine Trennung zwischen profanem und religiösem Bereich, zwischen Religion, Sozialethik und Politik.

Grundlage dieser umfassenden Lebensordnung ist der Koran. Der Koran gilt nicht nur als eine Offenbarung Gottes, die in den Menschen den Glauben an Gott wiederwekken und den Gehorsam gegenüber seinem Willen festigen soll. Der Koran gilt auch als die Grundlage des religiösen Gesetzes, dessen Vorschriften und Bestimmungen Gott erlassen hat, um die Menschen an die Hand zu nehmen und sie auf einem geraden Weg durchs Leben zu führen. Damit wird der Koran als Urkunde des islamischen Glaubens und als Grundlage des Lebens der Muslime und der islamischen Gemeinschaft betrachtet. So muß er bei der Suche nach Lösungen für die Lebensfragen der Gemeinschaft herangezogen werden, er enthält die Antworten oder wenigstens die Grundsätze, aus denen sich eine passende Lösung erarbeiten läßt.

Hinzu kommt die lebendige Interpretation und Anwendung, die im Leben, in den Entscheidungen und Sprüchen des Propheten Muḥammad Gestalt angenommen hat. Der

Weg des Propheten (sunna), wie er in der Überlieferung und deren Berichten (ḥadīth) dargestellt wird, ist die zweite Hauptquelle des Islams und eine unentbehrliche Auslegung der koranischen Prinzipien und Bestimmungen.

Bei der praktischen Handhabung der koranischen Anweisungen im Lichte der prophetischen Auslegung und der Lebensweise der islamischen Frühgemeinde in Medina müssen eine bestimmte Methode und bestimmte Techniken angewandt werden. Die Übertragung der offenbarten und der überlieferten Grundsätze und Lösungen auf neu eintretende Fälle erfolgt durch den Analogieschluß (qiyās): Fälle, die im Koran oder in der Überlieferung eine eindeutige oder wenigstens angedeutete Lösung gefunden haben, können als Präzedenz für den vorliegenden, ihnen ähnlichen Fall gelten.

Richtschnur zur Feststellung der Rechtsfrage ist – insofern sie vorliegt – die Übereinstimmung der gesamten Gemeinschaft der islamischen Gelehrten in einer Rechtsauffassung und deren Anwendbarkeit (idjmā'). Nach islamischer Auffassung liefert der Koran selbst die Rechtfertigung des Prinzips der Übereinstimmung als Garantie der Wahrheit und des Rechtes: „Wer sich dem Gesandten widersetzt, nachdem ihm die Rechtleitung deutlich geworden ist, und einem anderen Weg als dem der Gläubigen folgt, den lassen Wir verfolgen, was er verfolgt hat, und in der Hölle brennen – welch schlimmes Ende!" (4,115).

Desgleichen läßt die Tradition den Propheten Muḥammad erklären: „Meine Gemeinschaft wird nie einer falschen Lehre folgen." Und: „Niemals wird meine Gemeinde in einem Irrtum übereinstimmen."

In den Fällen, in denen man durch Heranziehung der vorher erwähnten Quellen und Anwendungsmethoden die Rechtslage nicht eindeutig feststellen kann, muß sich der Rechtsgelehrte bemühen, zu einem eigenen ausgewogenen Urteil (ra'y) zu gelangen. Seine persönliche Anstrengung (idjtihād) muß sich jedoch an den Grundsätzen des islamischen Glaubens und des islamischen Gesetzes orientieren und soll außerdem die anerkannte Auffassung der gültigen Bräuche ('urf) beachten.

Die Frage, welche Gestalt das islamische Gesetz angenommen hat und welche Entwicklungen es durch die fleißigen Bemühungen der Gelehrten im Laufe der Geschichte erfahren hat, wird uns in diesem Beitrag nicht beschäftigen. Der Gegenstand der folgenden Ausführungen ist die Theologie des Gesetzes im Koran. Es geht also darum, aus dem Text des Korans selbst den Perspektiven nachzuspüren, in die der Koran das Gesetz stellt. Untersucht werden soll, wie sich der Koran äußert über Notwendigkeit, Wesen und Merkmale, Autorität und innere Legitimität, Funktion und Anforderungen des Gesetzes.

Möge diese Untersuchung helfen, einige undifferenzierte Pauschalurteile und ungenügend begründete Aussagen über den Formalismus und den Nomismus des Islams zu revidieren und ein ausgewogeneres Urteil über den Stellenwert und die Funktion des Gesetzes im Leben der islamischen Gemeinschaft zu ermöglichen.

1 Grundanliegen des Korans

Wahre Religion und rechter Weg

Um die Bedeutung des Gesetzes im Islam zu verstehen, muß man sich vergegenwärtigen, mit welchem Eifer und mit welcher Sorge sich der Koran um die Gestalt der richtigen Religion bemüht, die auf der Wahrheit gründet und den Weg zum richtigen Verhalten im praktischen Leben weist. Er sucht unentwegt die wahre Religion, oder besser: die Religion der Wahrheit:

61,9: Er ist es, der seinen Gesandten mit der Rechtleitung und der Religion der Wahrheit gesandt hat, um ihr die Oberhand zu verleihen über alle Religion ... (Gleicher Wortlaut in 48,28; 9,33).

9,29: Kämpft gegen diejenigen, die nicht an Gott und nicht an den Jüngsten Tag glauben und nicht verbieten, was Gott und sein Gesandter verboten haben, und nicht der Religion der Wahrheit angehören – von denen, denen das Buch zugekommen ist ...

Wie in diesen Versen Glaube und Gesetz verbunden und als in der Wahrheit der Offenbarung und der Wahrheit Gottes verankert angesehen werden, so begründet die Wahrheit der Offenbarung in anderen Stellen die Richtigkeit des Gesetzes als Grundlage und Norm des Handelns. Und gerade diese Suche nach der Norm des richtigen Handelns scheint eine der Hauptsorgen des Korans zu sein:

30,30: Und richte dein Gesicht auf die Religion als Anhänger des reinen Glaubens. Das ist die Schöpfung Gottes, die Er für die Menschen festgelegt hat. Die Schöpfung Gottes kann nicht abgeändert werden. Das ist die richtige Religion. Aber die meisten Menschen wissen nicht Bescheid.

Die Sorge um die wahre Religion und das richtige Verhalten versteht sich aus der Notwendigkeit, in der sich der Prophet Muḥammad und seine Gemeinde befanden, ihre religiöse Identität gegenüber den Juden und den Christen zu definieren. Diese Suche nach der eigenen Identität tritt in den Versen zutage, in denen der Koran ein neues Kennzeichen der entdeckten und bekräftigten Identität der islamischen Gemeinschaft unterstreicht und gegen die Kritik der Gegner durchsetzt. Durch die Änderung der Gebetsrichtung, weg von Jerusalem nach Mekka, wurde sich die islamische Gemeinde ihrer Selbständigkeit bewußt und gewann gegenüber Juden und Christen ihre Bewegungs- und Handlungsfreiheit (vgl. dazu 2,135–152).

Es genügte aber nicht zu wissen, daß man nun einen eigenen Weg gehen konnte und mußte. Dieser Weg mußte noch deutlich aufgezeigt werden und zudem so beschaffen sein, daß er die Gläubigen rechtleitet. Sein eigentliches Verdienst konnte nicht darin bestehen, ein anderer zu sein als der Weg der übrigen Gemeinschaften. Er sollte den Muslimen vor allem ein rechter Pfad sein. Es gilt ja der folgende Grundsatz:

46,13: Diejenigen, die sagen: „Unser Herr ist Gott", und

sich dann recht verhalten, haben nichts zu befürchten, und sie werden nicht traurig sein.

Einheit der Gemeinschaft

Aber der Koran suchte nicht nur die eigene Identität von der der anderen Religionsgemeinschaften abzusetzen, er suchte die Einheit der Gemeinde gegen die von den *Heuchlern* gestiftete Verwirrung zu schützen. Mit diesen unaufrichtigen Mitgliedern wuchs für die Gemeinde die Gefahr, vom rechten Kurs abzugehen und die Religion zu verfälschen oder zu verkürzen. Indem sie ihren eigenen Interessen nachjagten und ihre egoistischen Neigungen vor die Belange der Gemeinschaft stellten, drohten sie die Einheit der Muslime zu erschüttern und viele ins Verderben mitzureißen. Deswegen war es ein wichtiges Anliegen des Korans, den geraden Weg der Gläubigen sehr deutlich zu verzeichnen und die ehrlichen Muslime vor den Gefahren aus den eigenen Reihen zu warnen:

4, 145–146: Die Heuchler befinden sich im untersten Grund des Feuers, und du wirst für sie keinen Helfer finden, außer denen, die umkehren und Besserung zeigen, an Gott festhalten und gegenüber Gott aufrichtig in ihrer Religion sind. Jene zählen zu den Gläubigen …

45, 18: Dann stellten Wir für dich eine Richtung in der Angelegenheit (der Religion) fest. So folge ihr und folge nicht den Neigungen derer, die nicht Bescheid wissen.

Auch soll die Gemeinde durch Rücksicht auf die Meinung der *Juden* nicht vom rechten Weg abirren:

42, 15: Darum rufe du auf und verhalte dich recht, wie dir befohlen worden ist. Und folge nicht ihren Neigungen …

22, 67: Für jede Gemeinschaft haben Wir einen Ritus festgelegt, den sie zu vollziehen haben. So sollen sie nicht mit dir über die Angelegenheit Streit führen.

Und rufe zu deinem Herrn. Siehe, du folgst einer geraden Rechtleitung.

Alle diese Gefahren, ob sie nun von den eigenen Mitgliedern oder von den Außenstehenden herrühren, bringen die Gemeinde vom geraden Weg ab und stürzen sie auf die Spuren des Satans:

24,21: O ihr, die ihr glaubt, folgt nicht den Fußstapfen des Satans. Wer den Fußstapfen des Satans folgt, der gebietet das Schändliche und Verwerfliche ...

Über dieses Mißtrauen gegenüber den Heuchlern unter den Muslimen und den Nichtmuslimen hinaus besteht im Koran die Überzeugung, daß der Mensch unfähig ist, sich selbst zu führen, aus eigener Kraft den rechten Weg zu finden und die Norm des richtigen Handelns zu erkennen. Denn die meisten Menschen wissen nicht, sich zu orientieren. „Der Mensch ist ja schwach erschaffen worden" (4,28), „er neigt zum Unglauben" (80,17). „Die Seele gebietet ja mit Nachdruck das Böse" (12,53). So ist die Geschichte der Menschen die Geschichte ihres Widerstandes gegen Gott und die ihrer Undankbarkeit gegen seine Gnade (vgl. 100,6; 43,15; 17,67; 14,34; 42,48; 22,66), kurz: die Geschichte ihres Unglaubens und der Verfinsterung ihrer Herzen.

Angesichts der tiefen, unheilbaren Unzulänglichkeit der Menschen, den rechten Weg zu finden, die Norm des richtigen Handelns zu erkennen, wendet sich der Koran an Gott, um sich an seinem Licht zu orientieren, denn „wem Gott kein Licht verschafft, für den gibt es kein Licht" (24,40).

Auf die Frage nach der Gestalt der Religion der Wahrheit und der Norm des richtigen Verhaltens gibt der Koran beharrlich die knappe Antwort: „Gott sagt die Wahrheit, und Er führt den (rechten) Weg" (33,4).

2 Wesen und Merkmale des Gesetzes

Das Gesetz ist der Weg Gottes

Das Gesetz: Ausdruck des souveränen Willens Gottes

Gott ist für den Koran der absolute Transzendente. Sein Wille ist unbedingt, seine Allmacht uneingeschränkt und seine freie Verfügung, auch in bezug auf die Welt und die Menschen, souverän und nicht hinterfragbar. Seine Allmacht setzt die Gesetzmäßigkeit der Schöpfung immer wieder frei, ohne sich je einem notwendigen, naturinternen Gesetz zu unterwerfen. Er lenkt die Geschicke der Menschen und setzt seinen positiven Willen immer wieder als letzten Maßstab und letzte Norm des Guten und des Heilsamen. Diese Gottesvorstellung bestimmt auch die koranische Auffassung vom Wesen und von den Merkmalen des Gesetzes.

In vielen Versen verkündet der Koran die Verordnungen und die gesetzlichen Bestimmungen, die er auf den Willen Gottes zurückführt, ohne sich darum zu bemühen, ihre innere Legitimität zu begründen. Meistens genügt der Hinweis, daß es Gott ist, der sie erlassen hat: „Das sind die Rechtsbestimmungen Gottes ... Das ist die Anordnung Gottes, die Er zu euch herabgesandt hat ..." (65, 1.5).

Der Koran tadelt diejenigen, die sich erlauben, andere Bestimmungen als die, die Gott erlassen hat, zu befolgen (vgl. 10, 59). Auch der Prophet Muḥammad wird ermahnt: „O Prophet, warum erklärst du für verboten, was Gott dir erlaubt hat, im Streben danach, deinen Gattinnen zu gefallen?" (66, 1).

Lob verdienen dagegen diejenigen, die an Gottes Bestimmungen festhalten, „die verbinden, was Gott zu verbinden befohlen hat" (13, 21), „die Bestimmungen Gottes einhalten" (9, 112). Denn Gott ist der Herr seiner Rechtsnormen und der souveräne Gesetzgeber: „Gott entscheidet, was Er will" (5, 1).

Das Gesetz: Ausdruck der Weisheit Gottes

Der starke Theozentrismus des Korans, der das Gesetz auf den freien, unbedingten und positiven Willen Gottes zurückführt und letzten Endes seinen atomistischen Dezisionismus bei den göttlichen Erlassen annimmt, erfährt im Koran ein Korrektiv. Denn Gott ist kein unerbittlicher Despot, er ist der weise und barmherzige Gott.

Unzählige Verse des Korans betonen das Wissen und die Weisheit Gottes. Gott weiß Bescheid über die Menschen, ihre Natur und die mannigfaltigen konkreten Umstände, die ihr Leben bedingen und bestimmen. In seiner Weisheit legt er ihnen ein Gesetz vor, das ihrer Veranlagung und ihrer Natur angemessen ist. Immer wieder fügt der Koran nach der Ausführung konkreter Bestimmungen einen Hinweis auf das Wissen und die Weisheit Gottes hinzu: „Das ist das Urteil Gottes; Er urteilt zwischen euch. Und Gott weiß Bescheid und ist weise" (60, 10; vgl. 4, 11.24.26.92; 6, 139; 24, 18.58.59; 9, 60.97).

Gerade dieses Vertrauen in die Weisheit Gottes läßt den Gläubigen erkennen, daß auch bei harten Maßnahmen des Gesetzes die Bestimmungen immer noch angemessen bleiben und wenigstens eine verborgene Verhältnismäßigkeit der Mittel beinhalten:

5, 38: Und hackt dem Dieb und der Diebin die Hände ab zur Vergeltung für das, was sie erworben haben, dies als abschreckende Strafe von seiten Gottes. Gott ist mächtig und weise.

Wer sich auf Gottes Weisheit verläßt, wird sich vom Weg der Ungläubigen und der Heuchler abwenden und Gott fürchten und seinem Weg folgen: „O Prophet, fürchte Gott und gehorche nicht den Ungläubigen und den Heuchlern. Gott weiß Bescheid und ist weise. Und folge dem, was dir von deinem Herrn offenbart wird. Gott hat Kenntnis von dem, was ihr tut. Und vertrau auf Gott. Gott genügt als Sachwalter" (33, 1–3).

Wer sich an Gottes Weisheit orientiert, erfährt viel Gutes und kommt in seinem Leben unter der Führung Gottes zurecht: „Er schenkt die Weisheit, wem Er will. Und wem die Weisheit geschenkt wird, dem wird viel Gutes geschenkt. Jedoch bedenken es nur die Einsichtigen" (2,269).

Das Wissen und die Weisheit Gottes veranlassen ihn, seine Barmherzigkeit und seine Gnade zu maßgeblichen Gestimmungsfaktoren seiner Rechtsnormen und Verordnungen zu machen: „Und wenn Gott gewollt hätte, hätte Er euch in Bedrängnis gebracht. Gott ist mächtig und weise" (2,220).

Das Gesetz: Ausdruck der Barmherzigkeit und der Huld Gottes

Das koranische Gesetz ist also das Ergebnis des Zusammenwirkens der Weisheit und der Barmherzigkeit Gottes. Dies bedeutet jedoch keine Schmälerung seiner absoluten Souveränität. Das muß man sich ständig vor Augen halten, um die koranische Vorstellung von Gott und von der Tragweite des Gesetzes genau zu verstehen. Diese gleichzeitige Betonung der unbedingten Freiheit Gottes, die allein bestimmt, ob, wann und wen sie rechtleiten will, und seiner Barmherzigkeit und Zuwendung zu den Menschen kommt unter anderem an folgender Stelle zum Ausdruck: „Gekommen ist zu euch von Gott ein Licht und ein offenkundiges Buch, mit dem Gott diejenigen, die seinem Wohlgefallen nachgehen, die Wege des Friedens leitet und sie aus den Finsternissen ins Licht herausbringt mit seiner Erlaubnis; und Er leitet sie zu einem geraden Weg" (5,15–16).

Gott bleibt den Menschen nicht fern, er lenkt ihre Geschicke nicht mit einer unbeteiligten Erhabenheit. Der Koran nennt Gott immer wieder den Erbarmer, den Barmherzigen. Immer wieder werden seine Nähe, seine Güte und Huld neben seiner souveränen Freiheit betont: „Das ist die Huld Gottes. Er läßt sie zukommen, wem Er will. Und Gott besitzt große Huld" (62,4). Gott selbst bezeichnet sich im Gesetz als den nahen Gott, der sich erreichen läßt und der das Rufen der Gläubigen hört: „Wenn dich meine Diener nach Mir fragen, so bin Ich nahe, und Ich erhöre den Ruf des Rufenden, wenn er Mich anruft. Sie sollen nun auf Mich hören, und sie sollen an Mich glauben, auf daß sie einen rechten Wandel zeigen" (2,186).

Die Barmherzigkeit Gottes in seinem Gesetz zeigt sich darin, daß er zunächst einmal die Gläubigen keiner ungerechten Behandlung unterzieht. Denn er gebietet selbst immer wieder, gerecht zu handeln, und sagt von sich, daß er die Gerechten liebt (3, 108; 5, 42). Er bewegt die Herzen der Gläubigen zur Abkehr vom Unglauben, vom Frevel und vom Ungehorsam (49, 7.8). Er läutert endlich die Gläubigen durch die Festlegung seiner Rechtsbestimmungen (2, 129.151; 3, 164; 5, 6; 66, 2).

Die *Rechtleitung* als Ausdruck der Barmherzigkeit Gottes (57, 9; 33, 43) erfährt eine Steigerung in der durchgreifenden Tendenz des koranischen Gesetzes, bei der Festlegung der Einzelbestimmungen die Schwachheit der Menschen zu berücksichtigen und im Sinne der Erleichterung der Pflichten seine Entscheidungen zu treffen. Der Koran erklärt die Härte des jüdischen Gesetzes durch die Ungerechtigkeit der Juden und ihren Widerstand gegen den Weg Gottes (4, 160). Den gehorsamen Gläubigen gilt nur noch die Zuwendung des barmherzigen Gottes, der sie den geraden Weg führt, „den Weg derer, die Du begnadet hast" (1, 7).

Die Erleichterung der Gesetzesbestimmungen bringt zwei Eigenschaften Gottes zum Ausdruck. Zunächst einmal ist er seinem Wesen nach ein feinfühliger, gütiger Gott, der immer Mittel und Wege findet, um seine Nachsicht und seine Barmherzigkeit zu zeigen (42, 19; 33, 34). Auf der anderen Seite weiß Gott über den Menschen Bescheid, er weiß, wie irdisch und wie schwach er ist:

53, 32: Wahrlich, dein Herr hat eine umfassende Vergebung. Er weiß besser über euch Bescheid, als Er euch aus der Erde entstehen ließ und als ihr Embryos im Leib Eurer Mütter waret. So erklärt nicht euch selbst für rein. Er weiß besser, wer gottesfürchtig ist.

Deshalb gilt der allgemeine Grundsatz: „Und Gott will sich euch zuwenden ... Gott will euch Erleichterung gewähren. Der Mensch ist ja schwach erschaffen worden" (4, 27.28).

So wie die vorherigen strengen Anweisungen in bezug auf das Sexualverhalten erleichtert werden (vgl. auch

2,187), so werden an anderer Stelle die Anforderungen des Einsatzes für die Sache des Islams erleichtert, und zwar mit der gleichen Begründung: „Jetzt hat Gott euch Erleichterung gewährt. Er weiß, daß in euren Reihen Schwachheit vorkommt ..." (8,66). „Und setzt euch für Gott ein, wie der richtige Einsatz für Ihn sein soll. Er hat euch erwählt. Und Er hat euch in der Religion keine Bedrängnis auferlegt ..." (22,78).

Ähnlich werden die Bestimmungen des Gesetzes in bezug auf das Fasten (2,185), auf die rituellen Waschungen (5,6) und auf die Wiedervergeltung bei Totschlag (2,178) erleichtert.

Dies alles macht es deutlich: „Gott hat Mitleid mit den Menschen und ist barmherzig" (2,143); „Gott fordert von niemandem mehr, als er vermag" (2,286; 7,42; vgl. 65,7). Im Vertrauen darauf läßt der Koran die Gläubigen beten:

2,286: Unser Herr, lege auf uns keine Last, wie Du sie auf die gelegt hast, die vor uns lebten. Unser Herr, lade uns nichts auf, wozu wir keine Kraft haben. Verzeihe uns, vergib uns und erbarme dich unser. Du bist unser Schutzherr ...

Das Gesetz ist der Weg des Propheten

Das koranische Gesetz, das in unzähligen Versen als der gerade Weg (u.a. 1,6; 15,41; 10,25), der Weg Gottes (u.a. 10,80; 14,3; 16,94), bezeichnet wird, erhält von Gott selbst seine Autorität und seinen verbindlichen Charakter. Gott ist ja nach dem Koran der Garant der Richtigkeit der gesetzlichen Bestimmungen: „Und dies ist ein Buch, das Wir hinabgesandt haben, ein gesegnetes (Buch). Folgt ihm und seid gottesfürchtig, auf daß ihr Erbarmen findet" (6,155).

Den Muslimen wird dieser Weg durch den Propheten Muḥammad bekanntgemacht und näher gedeutet, so daß ihnen der Weg Gottes praktisch als der Weg des Propheten erscheint, und die Verpflichtung, Gott zu folgen, sich in der Verpflichtung, dem Weg des Propheten zu folgen, konkretisiert. Diese Gleichsetzung der beiden Wege wird im Koran immer stärker festgestellt. Sie erfolgt in mehreren Schritten, die zwar nicht streng chronologisch aufeinanderfolgen, jedoch verschiedene Entwicklungsetappen der diesbezüglichen Haltung verraten.

Zunächst einmal wurde von den Gläubigen gefordert, sich der Führung des Propheten zu unterwerfen und ihm zu folgen (7,158; 14,44; 26,216; 60,12), denn Muḥammad selbst folge Gott und wandere auf seinem Weg:

7,156.157: Und meine Barmherzigkeit umfaßt alle Dinge. Ich werde sie für die bestimmen, die gottesfürchtig sind ..., die dem Gesandten, dem ungelehrten Propheten folgen ... Er befiehlt ihnen das Rechte und verbietet ihnen das Verwerfliche, er erlaubt ihnen die köstlichen Dinge und verbietet ihnen die schlechten, und er nimmt ihnen ihre Last und die Fesseln, die auf ihnen lagern, ab. Diejenigen nun, die an ihn glauben, ihm beistehen, ihn unterstützen und dem Licht, das mit ihm herabgesandt worden ist, folgen, das sind die, denen es wohl ergeht.

Auch ist der Prophet ein Vorbild für seine Gemeinde: „Ihr habt im Gesandten Gottes ein schönes Vorbild" (33,21). So findet die Liebe zu Gott ihren Ausdruck in der treuen Gefolgschaft, die man dem Propheten leistet: „Sprich: Wenn ihr Gott liebt, dann folgt mir, so wird Gott euch lieben und euch eure Sünden vergeben" (3,31).

In einem zweiten Schritt wird eine feste Verbindung zwischen Gott und seinem Propheten hergestellt, so daß man nicht mehr den Gehorsam gegenüber Gott vom Gehorsam gegenüber seinem Gesandten trennen darf. Der Koran erwähnt dann beide zusammen: „Und gehorchet Gott und dem Gesandten" (3,32.132; 8,1.46; 33,33; vgl. 8,24; 33,66.71 usw.). Die Gläubigen dürfen sich nicht infolgedessen Gott und dem Propheten widersetzen und von ihnen trennen (4,115; 8,13; 9,63; 58,5.20; 59,4), ihnen den Gehorsam verweigern (4,14; 33,36) oder gar an ihnen Verrat üben und ihnen gegenüber treulos handeln (8,27).

Manche Ausdrücke des Korans bringen eine sprachliche

Variante, die – so will mir scheinen – den Übergang zu einem dritten Schritt ankündigt. Da wird nicht mehr gesagt: Gehorchet Gott und dem bzw. seinem Gesandten, sondern: „Gehorchet Gott und gehorchet dem Gesandten" (4,59; 5,92; 47,33). Diese grammatikalische Trennung bedeutet keine Spaltung zwischen Gott und seinem Gesandten, sie weist nur darauf hin, daß Gott seinen Gesandten beauftragt hat, die Offenbarung und das Gesetz zu verkünden und daß im Endeffekt eine vollkommene Übereinstimmung zwischen dem Gesandten und dem ihn legitimierenden Gott besteht. Die Parallelisierung der beiden Autoritäten („gehorchet Gott und gehorchet dem Gesandten") ermöglicht jedoch, daß auf die Dauer nur noch der Prophet als gesetzgeberische Autorität genannt wird, wobei immer vorausgesetzt ist, daß er selbst seine Autorität letztlich durch die Sanktionierung Gottes erhält. Dies zeigt sich schon in einem Vers wie diesem: „Und wenn zu ihnen gesagt wird: ‚Kommt her zu dem, was Gott herabgesandt hat, und zum Gesandten', siehst du die Heuchler sich klar *von dir* abwenden" (4,61).

Es geht hier vor allem um Einzelfragen, und in solchen Fällen haben die Gläubigen keine Entscheidungs- und Handlungsfreiheit, nachdem das Urteil durch den Propheten gefällt worden ist: „Ein Gläubiger oder eine Gläubige darf, wenn Gott und sein Gesandter eine Angelegenheit entschieden haben, nicht die Möglichkeit haben, in ihrer Angelegenheit frei zu wählen. Und wer gegen Gott und seinen Gesandten ungehorsam ist, der befindet sich in einem offenkundigen Irrtum" (33,36).

Gerade für solche Einzelfälle brauchte der Prophet ein wenig mehr Entscheidungsfreiheit als für die Grundsatzfragen, bei denen die direkte Autorität Gottes angesprochen wurde. Und so konnte es eine Hilfe für ihn und für die Gemeinde sein, wenn seine Autorität so weit als von Gott sanktioniert anerkannt wurde, daß er allein, zwar in Verbindung mit Gott, aber nicht immer aufgrund einer unmittelbaren Offenbarung, über konkrete Fälle des Alltags entscheiden konnte. Darum betont der Koran diese Befugnisse des Propheten, ohne immer den garantierenden Namen Gottes zu erwähnen. Folgende Texte zeigen die Etappen dieser Entwicklung.

▷ Gott und der Prophet entscheiden zusammen: „... Wenn ihr über etwas streitet, so bringt es vor Gott und den Gesandten ... Das ist besser und führt zu einem schöneren Abschluß" (4,59).

▷ Gott und der Prophet werden angegangen, aber der Prophet trifft selbst die Entscheidung: „Und wenn sie zu Gott und seinem Gesandten gerufen werden, damit *er* zwischen ihnen urteile, wendet sich gleich ein Teil von ihnen ab" (24,48; gleiche Formulierung: 24,51; vgl. 24,54).

▷ So ist die Anwesenheit des Propheten mitten unter den Gläubigen eine Garantie für die Wahrheit des Glaubens und für die Richtigkeit des Weges der Gemeinde: „Wie könnt ihr ungläubig werden, wo euch die Zeichen Gottes verlesen werden und sein Gesandter unter euch ist? Wer an Gott festhält, wird zu einem geraden Weg geleitet" (3,101).

▷ Der Prophet ist ein von Gott autorisierter Schiedsrichter und eine letzte Entscheidungsinstanz: „Nein, bei deinem Herrn, sie glauben nicht (wirklich), bis sie dich zum Schiedsrichter nehmen über das, was zwischen ihnen umstritten ist, und danach wegen deiner Entscheidung keine Bedrängnis in ihrem Inneren spüren, sondern sich in völliger Ergebung fügen" (4,65).

▷ So fordert der Koran von den Gläubigen den Gehorsam gegen den Propheten: „... und gehorchet dem Gesandten, auf daß ihr Erbarmen findet" (24,56; vgl. 58,8). Dafür gibt es zwei Gründe: „Und Wir haben die Gesandten nur deswegen entsandt, damit man ihnen gehorcht mit der Erlaubnis Gottes" (4,64); – „Wer dem Gesandten gehorcht, gehorcht Gott" (4,80).

Das koranische Gesetz ist die Endstufe einer progressiven Tradition

Der Koran betont in vielen Versen die Übereinstimmung seines Inhaltes mit dem der früheren Schriften, vor allem der Tora und des Evangeliums. So weiß er sich treu gegenüber der biblischen Tradition, deren Höhepunkte nach Abraham vor allem Mose und Jesus sind: „Er hat auf dich das Buch mit der Wahrheit herabgesandt als Bestätigung dessen, was vor ihm vorhanden war. Und Er hat die Tora und das Evangelium herabgesandt zuvor als Rechtleitung für die Menschen ..." (3,3–4; vgl. u.a. 2,101; 5,8; 10,37; 35,31; 46,12).

Nicht nur allgemein will der Koran mit den früheren Schriften übereinstimmen. Auch bei der Festlegung einzelner Vorschriften wird die religiöse Tradition der Früheren herangezogen, wenn auch nur als Vorbild oder als Präzedenzfall der göttlichen Gesetzgebung (vgl. 2,183: Fasten).

Diese Traditionstreue, das Achten auf die Verfahrensweise Gottes in früheren Epochen der Prophetengeschichte ist eine zusätzliche Garantie für die Richtigkeit der gesetzlichen Bestimmungen und der konkreten Entscheidungen des Korans, denn sie gründet auf der Treue Gottes zu seinem eigenen Plan:

4,26: Gott will es euch deutlich machen und euch zu den Verfahrensweisen derer, die vor euch lebten, leiten und sich euch zuwenden. Gott weiß Bescheid und ist weise.

33,38: Es besteht für den Propheten kein Grund zur Bedrängnis in dem, was Gott für ihn festgelegt hat. So war das beispielhafte Verhalten Gottes mit denen, die vorher dahingegangen sind – und der Befehl Gottes ist ein fest gefaßter Beschluß.

48,23: So war das beispielhafte Verfahren Gottes, das früher angewandt wurde. Und du wirst im Verfahren Gottes keine Veränderung finden.

Dies bedeutet jedoch nicht, daß die koranischen Verordnungen nur eine Wiederholung und Bestätigung der früheren Gesetzgebungen des Judentums und des Christentums sind. Der Koran entdeckt schon im Evangelium einen Fortschritt gegenüber dem Gesetz der Tora, denn Jesus bringt eine erste Erleichterung der göttlichen Vorschriften (3,50) und mehr Klarheit über strittige Fragen des Glaubens und des Gesetzes (43,63). Desgleichen sieht der Koran seine Verkündigung als den entscheidenden, letztgültigen Fortschritt der Gesetzgebung: Sie bringe die endgültige und weiteste Erleichterung und die entscheidende Klarheit, soweit es Gott erlaube: „... damit du ihnen das deutlich machst, worüber sie uneins waren" (16,64); „dieser Koran erzählt den Kindern Israels das meiste von dem, worüber sie uneins sind. Und es ist eine Rechtleitung und Barmherzigkeit für die Gläubigen" (27,76–77; vgl. 4,26; 5,15.19).

So erklärt und legitimiert der Koran die Abweichungen seiner Bestimmungen von denen des jüdischen Gesetzes und bezeichnet sie als Gnadenerweise und Erleichterung von seiten Gottes (vgl. außer den oben zitierten Versen auch 7,31–32; 5.4.87.88: Erleichterung des Speiseverbots).

Um die Vorzüge seiner Religion zu unterscheiden und ihren Vorbildcharakter als endgültige Gestalt der Gesetzgebung zu betonen, sucht der Koran Verbindungspunkte zwischen dem Islam und der Urreligion Abrahams, des Vaters aller Gläubigen und des ersten Muslims (vgl. 2,130.132). Obwohl der Koran immer wieder bereit war, einen gewissen Pluralismus in der Gesetzgebung festzustellen und zu bestätigen (22,67; 42,15; 45,18; vor allem 5,43–45: für die Juden; 5,46–47; für die Christen; 5,48: für die Muslime und für alle Gruppen), hat er jedoch die Überlegenheit des eigenen Gesetzes hervorgehoben und immer entschiedener einen Endgültigkeitsanspruch für den eigenen Weg angemeldet. Denn Gott habe den Gläubigen versprochen, „daß Er ihnen ihrer Religion, die Er mit Gefallen für sie festgelegt hat, zu einer angesehenen Stellung verhelfen wird" (24,55).

61,8–9: Aber Gott wird Sein Licht vollenden, auch wenn es den Ungläubigen zuwider ist. Er ist es, der Seinen Gesandten mit der Rechtleitung und der Religion der Wahrheit gesandt hat, um ihr die Oberhand zu verleihen über alle Religion, auch wenn es den Polytheisten zuwider ist." (Ähnlich auch in 9,32; 48,28)

Feierlich verkündet Gott nach dem Koran: „Die Religion bei Gott ist der Islam" (3,19); „heute habe Ich euch eure Religion vervollkommnet und meine Gnade an euch vollendet, und Ich habe daran Gefallen, daß der Islam eure Religion sei" (5,3).

Auf der Grundlage dieses vorzüglichen und eigentlich nunmehr einzig vollkommen richtigen Gesetzes steht die islamische Gemeinde und spielt im Kontext der verschiedenen Religionsgemeinschaften ihre besondere Rolle:

2,143: Und so haben Wir euch zu einer in der Mitte stehenden Gemeinschaft gemacht, auf daß ihr Zeugen seid über die Menschen und daß der Gesandte Gottes Zeuge sei über euch.

3,110: Ihr seid die beste Gemeinschaft, die je unter den Menschen hervorgebracht worden ist. Ihr gebietet das Rechte und verbietet das Verwerfliche und glaubt an Gott.

Das Gesetz hat seine innere Begründung: Es ist gut für die Menschen

Das koranische Gesetz ist nicht nur deswegen die letztgültige und ideale Gestalt des Weges Gottes, weil es Gott so bestimmt hat, sondern auch weil es generell gut ist. Grundsätzlich betrachtet der Koran den Islam als die Religion, die in ihrer Wahrheit und ihrer Gesetzgebung der Natur des Menschen am besten entspricht (vgl. 30,30) und den religiösen Weg Abrahams wiederaufnimmt und befolgt (4,125). Und gerade eine solche Religion muß als die beste angesehen werden: „Und wer hat eine schönere Religion als der, der sich völlig Gott hingibt und dabei rechtschaffen ist und der Glaubensrichtung Abrahams, als Anhänger des reinen Glaubens, folgt?" (4,125).

Somit ist außer Zweifel, daß die koranischen Gesetzesbestimmungen für die Gläubigen und für die Menschen allgemein gut sind. Der Koran wiederholt immer wieder, daß es besser ist, sich danach zu richten (vgl. 2,110.184; 58,12; 62,9). Denn „dieser Koran leitet zu dem, was richtiger ist" (17,9). Das gilt, auch wenn die Menschen bei manchen Verordnungen das Gute nicht unmittelbar feststellen können. Die verborgenen guten Seiten des Gesetzes bleiben für Gott offenkundig, denn „Gott weiß, ihr aber wißt nicht Bescheid" (2, 232). Ganz allgemein gibt der Koran den Gläubigen zu bedenken: „Aber vielleicht ist euch etwas zuwider, während es gut für euch ist. Und vielleicht liebt ihr etwas, während es schlecht für euch ist. Und Gott weiß, ihr aber wißt nicht Bescheid" (2, 216).

Im übrigen kann sich die Nützlichkeit einer Bestimmung später herausstellen. So ist es gut, daß Gott und sein Prophet sich den Wünschen und Neigungen der Menschen nicht immer anpassen: „Und wißt, daß der Gesandte Gottes unter euch weilt. Würde er in vielen Angelegenheiten euch gehorchen, würdet ihr in Bedrängnis geraten" (49, 7). Da im Endeffekt Gott selbst der Gesetzgeber ist, gilt für die Gläubigen folgender Grundsatz: „Wie trefflich ist das, womit Gott euch ermahnt!" (4, 58). „Wer hat denn eine bessere Urteilsnorm als Gott für Leute, die Gewißheit hegen?" (5, 50).

Manche Aspekte sind jedoch erkennbar, welche die Güte des koranischen Gesetzes bestätigen. Das Gesetz ist für Gott ein Mittel, die Menschen auf die Probe zu stellen, „um zu erfahren, wer dem Gesandten folgt" (2, 143). Und für die Menschen ist das Gesetz ein Mittel, zwischen Gut und Böse zu unterscheiden (vgl. 5, 100). Wer dem Gesetz Gottes folgt, wandert nicht in den Fußstapfen des Satans (24, 21). Das Gesetz Gottes verbietet im Gegenteil das Böse: „Siehe, mein Herr hat die schändlichen Taten verboten, was von ihnen offen und was verborgen ist; und auch die Sünde und die Gewaltanwendung ohne vorliegende Berechtigung" (7, 33; vgl. 7, 28; auch 16, 90; 17, 31.32).

Somit will Gott seine Gläubigen läutern (2, 232; 58, 12), sie die Gerechtigkeit lehren (2, 282; 7, 29; 57, 25), ihnen die Entfaltung eines erfüllten Lebens schenken: „O ihr, die ihr glaubt, erhört Gott und den Gesandten, wenn er euch zu dem aufruft, was euch Leben gibt" (8, 24; vgl. 2, 179).

Diese Aussagen beziehen sich jeweils auf bestimmte Situationen und bestimmte Anliegen; sie haben jedoch auch allgemeinen Aussagewert, denn sie treffen die allgemeine Intention der übrigen gesetzlichen Bestimmungen, die der Koran erlassen hat. So bezeichnet er dieses verheißene, erfüllte Leben als „Heilung und Barmherzigkeit" (17, 82),

„Heilung für euer Inneres, Rechtleitung und Barmherzigkeit" (10, 57), „Wohnstätte des Friedens" (10, 25). Wer sich also den göttlichen Anordnungen entgegenstellt, der frevelt gegen sich selbst (2, 231), und „wer die Rechtsbestimmungen Gottes übertritt, der tut sich selbst Unrecht" (65, 1). Der Koran kann schließlich verheißen:

20, 123: Wenn dann von mir eine Rechtleitung zu euch kommt, dann wird der, der meiner Rechtleitung folgt, nicht irregehen und nicht unglücklich sein. (Vgl. 20, 1).

3 Rolle des Gesetzes im Leben der Gemeinschaft

Die Befolgung der gesetzlichen Bestimmungen wird im Koran immer wieder als Ausdruck der Religiosität und der Furcht Gottes hingestellt. Auf verschiedene Weisen wird den Gläubigen immer wieder eingeschärft: „Fürchtet nun Gott, soviel ihr eben könnt. Und hört zu und gehorcht" (64, 16; vgl. 6, 155). Die Verbindung zwischen Gehorsam und Gottesfurcht wird anläßlich der verschiedenartigen Bestimmungen immer wieder betont (siehe u. a. 2, 187.189.194.237.241.283; 3, 76.130.183; 5, 4.6.8.96.100.108). Allgemein gilt für alle Bestimmungen folgender Grundsatz: „Helft einander zur Frömmigkeit und Gottesfurcht, und helft einander nicht zur Sünde und Übertretung. Und fürchtet Gott. Gott verhängt eine harte Strafe" (5, 2).

Der Glaube und die Bemühungen um ein Leben in der Furcht Gottes lassen die Gläubigen die Funktion des Gesetzes im Leben der Gemeinschaft besser erkennen und die Handhabung seiner Bestimmungen richtig gestalten.

Das Gesetz ist ein Licht

Das Gesetz ist ein Licht, das Einsicht bringt und die Urteilsbildung ermöglicht. Die Verse, in denen der Koran als ein Licht von Gott bezeichnet wird, sind unzählig. Bereits die Tora des Mose (vgl. 5,44; 6,91; 14,4; 21,48) und das Evangelium Jesu (5,46) brachten den Menschen Licht und Rechtleitung. Desgleichen ist der Koran „ein offenkundiges Licht" (4,174), eine Rechtleitung und ein gerader Weg (unter vielen anderen Stellen: 1,6; 2,2.97). Es sei hier eine Stelle für alle anderen wiedergegeben:

5,15–16: Gekommen ist zu euch von Gott ein Licht und ein offenkundiges Buch, mit dem Gott diejenigen, die seinem Wohlgefallen nachgehen, die Wege des Friedens leitet und sie aus den Finsternissen ins Licht herausbringt mit seiner Erlaubnis; und Er leitet sie zu einem geraden Weg (vgl. 14,1; 65,11).

Das koranische Gesetz ist nicht nur ein Licht von außen, das den Weg der Gläubigen beleuchtet und deutlich macht, so daß sie in Sicherheit „wandeln können" (57,28); es läßt im Inneren des Menschen ein Licht aufkommen, das ihn verständig macht (u. a. 2,242), und, so wie schon früher die Tora (28,43), Einsicht als Hilfe zur Urteilsbildung bringt: „Dies sind einsichtbringende Zeichen für die Menschen und eine Rechtleitung und Barmherzigkeit für Leute, die Gewißheit hegen" (45,20; vgl. 7,203). „Zu euch sind nun einsichtbringende Zeichen von eurem Herrn gekommen. Wer einsichtig wird, ist es zu seinem eigenen Vorteil, und wer blind ist, ist es zu seinem eigenen Schaden" (6,104).

Das Gesetz ist Grundlage der richtigen Entscheidung

Das Gesetz begründet die richtige Entscheidung, es ist die Richtschnur zur praktischen Ausführung der getroffenen Entscheidung und die Norm des Handelns (vgl. 2,185). Die Tora ist die Entscheidungsnorm für die Juden (21,48; 2,53), an die sie in ihrer Rechtsprechung gebunden sind (5,46–47;

vgl. auch für die Juden und die Christen: 5,66.68). Desgleichen ist der Koran die Entscheidungsnorm für die Muslime (5,48; vgl. 3,3; 4,127.176).

So ist das Gesetz die Grundlage der Rechtsprechung, es ermöglicht die Entscheidung der Schiedsinstanzen in der Gemeinschaft. Diese Rolle erkannte der Koran der mosaischen Tora zu, auch bei der Lösung praktischer Fälle (3,23). Auch der Prophet soll sich als Schiedsrichter in strittigen Fragen betätigen: „Wir haben zu dir das Buch mit der Wahrheit hinabgesandt, damit du zwischen den Menschen nach dem urteilst, was Gott dich hat sehen lassen" (4,105; vgl. 5,42).

Damit jedoch das Gesetz seine Funktion als Entscheidungsnorm und Schiedsinstanz erfüllen kann, bemüht es sich, alle Bereiche des menschlichen und gesellschaftlichen Lebens zu erfassen: „... Und wir haben das Buch auf dich hinabgesandt, um *alles deutlich zu machen,* und als Rechtleitung, Barmherzigkeit und Frohbotschaft für die Gottergebenen" (6,154).

Der Koran will ein detailliertes Gesetz sein: „Und dies ist der Weg deines Herrn, er ist gerade. Wir haben die Zeichen im einzelnen dargelegt für Leute, die (sie) bedenken" (6,126; vgl. 7,32.52; 9,11).

Das Gesetz ist das Band der Einheit

Der Koran betont, daß die ursprüngliche Gemeinschaft der Menschen einig war (vgl. u.a. 2,213; 10,19; 21,92–93; 23,52–54). Die Menschen haben jedoch diese Einheit nicht bewahrt und haben sich in verschiedene Gruppen gespalten. Die Propheten wurden unter anderem damit beauftragt, den Menschen Klarheit über die zwischen ihnen strittigen Fragen zu bringen und zwischen den verschiedenen Parteien zu entscheiden (2,213). So ist auch eine der wichtigen Aufgaben des Korans, die Einheit der Gemeinschaft zu festigen: „Und haltet allesamt am Seil Gottes fest und spaltet euch nicht ... Und seid nicht wie diejenigen, die sich gespalten haben und uneins geworden sind, nachdem die deutlichen Zeichen zu ihnen gekommen waren" (3,103.105).

Eine Schwierigkeit für die Wahrung der Einheit bereitet jedoch das Gesetz selbst. Der Koran enthält nach eigener Aussage eindeutige Verse, aber auch mehrdeutige (3,7). Außerdem kommt es vor, daß gewisse Bestimmungen aufgehoben werden, und dies als Ausdruck der freien Verfügung Gottes: „Gott löscht aus, und Er bestätigt, was Er will. Bei Ihm steht die Urnorm des Buches" (13,39). Oder es geht um Eingebungen, die der Teufel in die Offenbarung Gottes hineinschiebt und die Gott nun tilgt, um seine Verse eindeutig festzulegen (22,52). Der Koran versucht zwar, dieser Unsicherheit in der Festlegung des Gesetzes eine gute Seite abzugewinnen: Gott ermöglicht dadurch die Unterscheidung zwischen den Heuchlern, „in deren Herzen Krankheit ist und deren Herzen verhärtet sind", und den Gläubigen, die in der Demut ihres Herzens an dem ihnen von Gott gegebenen Wissen festhalten und an die Wahrheit der Offenbarung und die Richtigkeit des Gesetzes glauben (22,53–54).

Die hier angedeutete Schwierigkeit der Gemeinde und die drohende Gefahr der Spaltung werden noch deutlicher im folgenden Vers angesprochen:

3,7: Er ist es, der das Buch auf dich herabgesandt hat. In ihm gibt es eindeutig festgelegte Zeichen – sie sind die Urnorm des Buches – und andere, mehrdeutige. Diejenigen, in deren Herzen Abweichen von der Wahrheit steckt, folgen dem, was in ihm mehrdeutig ist, im Trachten danach, (die Menschen) zu verführen, und im Trachten danach, es (eigener) Deutung zu unterziehen. Um seine Deutung aber weiß niemand außer Gott. Diejenigen, die im Wissen fest gegründet sind, sagen: „Wir glauben; das eine und das andere ist von unserem Herrn ..." (vgl. 16,101).

„Das eine und das andere ist von unserem Herrn": Das ist das Bekenntnis derer, die die ganze Schrift in ungebrochener Treue annehmen, ob sie nun ihre Verse verstehen oder nicht. Das endgültige Wissen um diese Verse steht bei Gott. Dem Menschen bleiben angesichts der dunklen Stellen des

Gesetzes nur noch der unbedingte Glaube, der demütige Gehorsam und die Bitte: „Unser Herr, laß unsere Herzen nicht abweichen, nachdem Du uns rechtgeleitet hast. Und schenke uns von Dir Barmherzigkeit. Du bist ja der Freigebige" (3, 8).

Wir haben soeben versucht, die wichtigsten theologischen Dimensionen des Gesetzes nach den Aussagen des Korans auszuarbeiten. Wie die Rezeption dieser Theologie des Gesetzes im weiteren Leben der islamischen Gemeinschaft ausgefallen ist, wie sich die verschiedenen Auffassungen gebildet und entfaltet haben und welche Aufgaben heute zu lösen sind, sollte hier nicht untersucht werden. Die Aussagen des Korans selbst erlauben folgende abschließende Anmerkung.

Gott kann in seiner unbedingten Freiheit das erlassen, was ihm beliebt. Was er aber tatsächlich erlassen hat, ist das Werk seiner Weisheit, seiner Barmherzigkeit und seiner Huld. Gott fordert zwar von den Gläubigen einen unbedingten Gehorsam. Sie sollen „tun, was ihnen befohlen wird" (16, 50; vgl. 2, 68). Aber es ist nicht ein unverständiger Gehorsam, eine einsichtslose Gefolgschaft. Gott beansprucht den ganzen Menschen: seinen Verstand und seinen Willen, seine Urteils-, Entscheidungs- und Tatkraft. Denn das Gesetz Gottes ist Licht, Rechtleitung und Leben, und die einzig passende Antwort des Menschen ist die offene Aufnahme und die dankbare Hingabe *(islām)*.

Religion und Politik im Islam

„Der Islam ist Religion und Staat", so drückt die klassische Tradition das Anliegen des Islams aus, der sich als Träger und Erfüller einer göttlichen Offenbarung versteht, die in ihrem Totalitätsanspruch alle Lebensbereiche des Menschen erfaßt. Die islamische Lebensordnung enthält somit nicht nur Lehrsätze als Fundament des Glaubens und Gebote und Verbote als Norm des sittlichen Handelns, sie erläßt auch gesetzliche Bestimmungen, die das Leben der einzelnen, der Familie und der Gemeinschaft sowie die verschiedenen Bereiche des gesellschaftlichen Lebens und der internationalen Beziehungen regeln.

Der gläubige Muslim wird aufgefordert, sich in einem unbedingten Gehorsam dem souveränen Willen Gottes zu unterwerfen, um sein Heil zu finden. Denn, so lautet die religiöse Begründung dieser Forderung, die Menschen sind von sich aus unfähig, den rechten Weg zu finden. Die Bewohner des Paradieses bezeugen im Koran: „Wir hätten unmöglich die Rechtleitung gefunden, hätte uns Gott nicht rechtgeleitet" (7,43).* Die Menschen sind also auf Gott, seine Offenbarung und die praktischen Verordnungen, die die Propheten festlegen, angewiesen, um recht leben zu können. „Wem Gott kein Licht verschafft, für den gibt es kein Licht", betont der Koran (24,40), und: „Gott sagt die Wahrheit, und Er führt den (rechten) Weg" (33,4).

Die Weisungen Gottes, welche Ausdruck seines souveränen Willens, aber auch seiner umfassenden Weisheit und seiner gnädigen Barmherzigkeit sind, bringen den Men-

* Die Koranstellen werden nach meiner Übersetzung, Der Koran, Gütersloh ²1992, zitiert.

schen das Heil: „Dieser Koran leitet zu dem, was richtiger ist, und verkündet den Gläubigen, die die guten Werke tun, daß für sie ein großer Lohn bestimmt ist" (17,9). Die Bestimmungen des göttlichen Gesetzes lehren die Menschen die Gerechtigkeit (7,29; 2,282; 57,25 usw.), garantieren eine sichere Entscheidung (5,50: „Wer hat eine bessere Urteilsnorm als Gott ...?") und verheißen ein erfülltes Leben: „... dann wird der, der meiner Rechtleitung folgt, nicht irregehen und nicht unglücklich sein" (20,123).

Da das positive religiöse Gesetz die Norm des praktischen Handelns und der Garant des Heiles ist, bemüht es sich, detaillierte Anweisungen zu erlassen (7,32.52; 6,126; 9,11), „um alles deutlich zu machen" (16,89). Diese Tendenz, ins einzelne zu gehen und den Raum der menschlichen Initiative einzuengen, kann es der Gemeinschaft erleichtern, ihre Einheit zu wahren, wie sie der Koran fordert (3,103; 3,105).

1 Scharīʿa: das religiöse Gesetz

Das religiöse Gesetz, durch dessen Bestimmungen Gott den ganzen Menschen beansprucht: seinen Verstand und seinen Willen, seine Urteils-, Entscheidungs- und Tatkraft, ist die Grundlage der politischen Ordnung in der islamischen Gesellschaft. Die koranischen Grundbestimmungen und die verbindlichen Anweisungen des Verkünders des Islams, Muḥammad, sind die Richtschnur der Tätigkeit der Regierung in einem islamischen Staat; sie dienen auch als Maßstab zur Bekräftigung ihrer Autorität oder zur Verurteilung ihrer Willkür. Das religiöse Gesetz bildet auch die Grundlage der Rechtsprechung und der Ausübung der öffentlichen Ämter. Aufgrund dieser Bindung des politischen Lebens in der islamischen Gesellschaft an das von Gott in seiner Offenbarung erlassene Gesetz und an die von Gott autorisierten Anordnungen seines Propheten wird die islamische Staatsordnung als Theokratie bezeichnet.

Ziel der politischen Struktur des islamischen Staates ist,

die Rechte Gottes zur Geltung zu bringen und die Rechte und Interessen der Muslime zu sichern, aber auch von den Untertanen Gehorsam gegen das Gesetz Gottes zu fordern, und dies auch im praktischen Leben durchzusetzen. Endlich, so der Universalanspruch des Islams, ist den Regierenden Autorität und Vollmacht gegeben, damit sie sich dafür einsetzen, die Herrschaft Gottes zu festigen und den Herrschaftsbereich des Islams auszudehnen.

Grundlagen und Mechanismen der Scharīʿa

Das religiöse Gesetz im Islam bezieht seine Verbindlichkeit daraus, daß es auf dem Koran und der verbindlichen Überlieferung über die Entscheidungen Muḥammads beruht. Die Autorität des *Korans* und die absolut gültige Beweiskraft seiner Verse beziehen sich auf den genauen Wortlaut des arabischen Originaltextes. Zum richtigen Verständnis der gesetzlichen Vorschriften dient die Auslegung, zumal der Koran selbst feststellt, daß von seinen Versen einige eindeutig und andere mehrdeutig sind (3, 7). Die Auslegung der Korantexte muß auf die Tradition der früheren Kommentatoren achten und vor allem die Meinung derjenigen berücksichtigen, die mit Muḥammad lebten. Bei der Interpretation der mehrdeutigen Stellen muß man die eindeutigen Koranstellen und die Anweisungen und Handlungsweisen Muḥammads heranziehen. Hilfreich bei alledem ist die Berücksichtigung der Lebensumstände zur Zeit der Offenbarung und der Gründe, die die Verkündigung dieser Stellen veranlaßt haben. Das kann in manchen Fällen dazu führen, daß man die betreffenden Vorschriften für so zeitbedingt hält, daß man sie stark relativiert und somit den Weg frei macht für Anpassungen und Ergänzungen der gesetzlichen Bestimmungen.

Die zweite Hauptquelle des religiösen Gesetzes ist die *Sunna,* der vorbildliche und verbindliche Weg des Propheten Muḥammad. Der Koran bezeichnet ihn als Vorbild und Beispiel für die Gläubigen (33, 21), denn „er befiehlt ihnen das Rechte und verbietet ihnen das Verwerfliche, er erlaubt ihnen die köstlichen Dinge und verbietet ihnen die schlechten, und er nimmt ihnen die Last und die Fesseln, die auf ihnen lagen, ab" (7,157). Die Art und Weise, wie Muḥammad inmitten seiner Gemeinschaft lebte und wie er sie führte und dafür die erforderlichen Vorschriften festlegte – all das verdeutlicht seinen Weg und findet sich in den Berichten (Ḥadīth) verschiedener Gewährsleute.

Die als echt anerkannten Überlieferungen werden in drei Kategorien eingeteilt. Zur ersten Gruppe gehören die ursprünglichen, in ununterbrochener Tradition überlieferten Berichte: Sie begründen verbindliche Rechtsnormen. Die zweite Gruppe ist die der allgemein bekannten Überlieferungen, die erst später in ununterbrochener Tradition weitergegeben wurden: Sie begründen keine absolute Rechtssicherheit und keine feste Gewißheit; sie verleihen jedoch eine gewisse Sicherheit bzw. begründen eine an Sicherheit grenzende Wahrscheinlichkeit und können somit in Rechtsfragen eine zuverlässige Quelle für Entscheidungen und gesetzliche Maßnahmen abgeben. Die dritte Gruppe bilden die Überlieferungen, die von einzelnen Gewährsleuten tradiert wurden: Diese Einzelüberlieferungen begründen eine Wahrscheinlichkeit in Rechtsfragen, aber nicht eine feste Gewißheit und eine unangefochtene Rechtssicherheit.

Als dritte Quelle des religiösen Rechts im Islam gilt die *Übereinstimmung* aller Rechtsgelehrten einer Zeit nach dem Tod Muḥammads in der Feststellung einer bestimmten praktischen Rechtsvorschrift. Die Mehrheit der Gelehrten schreibt der Übereinstimmung einen bindenden Charakter zu, wenn die vielfältigen Bedingungen erfüllt sind, die zu ihrem Zustandekommen notwendig sind. Da aber gerade diese Bedingungen nur äußerst schwer herbeizuführen sind, wird in der Praxis der Akzent auf Konsultationen zwischen den Rechtsgelehrten gesetzt.

Sekundäre Quellen des Rechts und Grundsätze zur Feststellung der Rechtsnormen sind der Analogieschluß, der Brauch und das Gewohnheitsrecht, auch das eigene Urteil der Rechtsgelehrten. Zur Bildung des eigenen Urteils dienen folgende Grundsätze: Berücksichtigung der Interessen der Gemeinschaft, das Für-gut-Halten einer konkreten Lösung, die Billigkeit und die Vermeidung von Überforderung, die Anerkennung des bestehenden Rechtsstatus bzw. die Bestätigung der bestehenden Rechtslage, solange nicht das Gegenteil bewiesen oder festgestellt wird, endlich die Bemühung, das Gesetz zugunsten der Menschen zu handhaben und den Menschen Erleichterung zu verschaffen.

Die Heranziehung der Quellen und die Anwendung der Grundsätze zur Rechtsfindung haben dazu beigetragen, daß sich im Laufe der Zeit eine Rechtstradition im Islam bildete. Aber erst unter den ʿAbbāsiden (ab 750), als das islamische Reich, ausgehend von der Hauptstadt Bagdad und vom Irak, eine politische, wirtschaftliche und kulturelle Blütezeit erlebte, kam es zur Bildung bzw. zum Ausbau verschiedener *Rechtsschulen.* In den Werken dieser Schulen werden die rechtlichen Bestimmungen erfaßt, die sich auf die religiösen Pflichten, das Familienrecht, das Erb-, Eigentums- und Vertragsrecht, das Straf- und Prozeßrecht, das Verwaltungsrecht und endlich die Führung des Krieges beziehen. Die wichtigsten Rechtsschulen der Sunniten sind die der Ḥanafiten (liberal), der Mālikiten (konservativ), der Shāfiʿiten (um Systematisierung bemüht) und der Ḥanbaliten (streng konservativ). Die wichtigste Rechtsschule der Schiiten ist die der Djaʿfariten.

Klassifizierung der menschlichen Handlungen

In dem von den Schulen ausgearbeiteten Rechtssystem werden die menschlichen Handlungen in folgende Kategorien eingeteilt, welche eine entsprechende moralische Beurteilung bedeuten bzw. entsprechende rechtliche Konsequenzen begründen:

▷ Eine Handlung ist *geboten,* wenn sie als Pflicht gilt. Wer diese Pflicht erfüllt, verdient Lob und wird belohnt. Wer das Gebot verletzt oder nicht erfüllt, verdient Strafe.

▷ Eine Handlung ist *empfohlen* bzw. wünschenswert, wenn sie das Leben der einzelnen Gläubigen oder der Gemeinschaft fördert. Wer sich danach richtet, wird gelobt bzw. belohnt. Wer sich darüber hinwegsetzt, wird jedoch nicht getadelt oder gar bestraft.

▷ *Erlaubt* ist eine Handlung, wenn sie sittlich bzw. rechtlich einen neutralen Wert hat. So ist ihre Verrichtung oder Unterlassung kein Gegenstand von Belohnung oder Bestrafung.

▷ *Verpönt* bzw. mißbilligt ist eine Handlung, wenn deren Unterlassung belohnt, deren Verrichtung jedoch nicht bestraft wird.

▷ Eine Handlung ist *verboten,* wenn es Pflicht des Gläubigen ist, sie zu meiden. Wer sie dennoch verrichtet, setzt sich der Strafe aus; wer sie meidet, verdient Lob.

Organe des Staates zur Erfüllung des Gesetzes

Die islamische Gemeinschaft als politisches Gebilde steht unter dem religiösen Gesetz. An der Spitze des islamischen Staates steht der Khalif, der Imām oder der Sultan, je nach dem jeweiligen Sprachgebrauch und je nach der geschichtlichen Epoche und Situation. Grundsätzlich darf der Regierungschef des Staates Gehorsam und Loyalität fordern. Er muß aber selbst Bedingungen erfüllen, um dem Staat vorstehen und die Gläubigen führen zu können. Er muß vor allem die Vorschriften des Korans und die gesetzlichen Verordnungen kennen oder sich dieses Wissen bei fachkundigen Rechtsgelehrten holen. Auch ist er verpflichtet, bei den verschiedenen Entscheidungen, die das Leben und die Interessen der Gemeinschaft betreffen, andere Mitglieder der Gemeinschaft zu Rate zu ziehen (3, 159; 42, 38). Der Koran präzisiert nicht, wie er sich diese Beratung (Shūrā) vorstellt. Ursprünglich hatte diese Beratung nicht die Funktion einer Kontrollinstanz gegenüber der Staatsführung. Eine solche Kontrolle ist eher in der allgemein anerkannten Pflicht aller Mitglieder des Staates, sich dem Gesetz Gottes zu unterwerfen, zu suchen. Damit ist gesagt, daß eine Kontrollfunktion eher den Rechtsgelehrten zukommt.

Die Rechtsgelehrten beraten die Regierung in Fragen, die mit der legislativen Funktion des Staates zusammenhängen.

Da das Grundgesetz des islamischen Staates vorgegeben ist (durch den Koran und die Sunna), haben die Rechtsgelehrten die Aufgabe, die Inhalte dieses Grundgesetzes und die daraus resultierenden Rechtsbestimmungen auszuarbeiten. Darüber hinaus besteht ihr Beitrag darin, Möglichkeiten und Modalitäten der Anwendung der Gesetzesbestimmungen auf die konkreten Fälle zu erkennen und mitzuteilen. Neben der Regierung beraten die Rechtsgelehrten auch die Richter und die einzelnen Gläubigen.

Die Rechtsprechung liegt in der Zuständigkeit entweder des Machthabers oder der von ihm ernannten Richter. Er bleibt jedoch die höchste Instanz bei Streitfällen, bei denen eine Berufung angestrengt wird. Wenn der muslimische Richter von Nicht-Muslimen angerufen wird, dann muß er nach den Bestimmungen des islamischen Gesetzes rechtsprechen.

Ein Beispiel: das Strafgesetz

In Strafsachen orientiert sich der Richter an den Angaben des Korans und an den Entscheidungen und Vorschriften, die in der Tradition festgelegt wurden. Einige Straftaten sind besonders schwer und werden im Koran als Verbrechen bezeichnet. Für diese Verbrechen sind besonders harte Strafen vorgesehen. Wenn das koranische Gesetz eine bestimmte Strafe für ein Verbrechen festlegt, dann, so die gängige Auffassung, muß diese Strafe verhängt und vollstreckt werden, und es steht dem Richter nicht zu, sie dem Schuldigen zu erlassen. Manchmal sieht der Koran vor, daß eine verhängte Strafe auf Wunsch der Person, die ihr Recht sucht, umgewandelt, vermindert oder gar erlassen wird. Manchmal gibt es Strafen, die im Ermessen des Richters selbst liegen.

Es gilt grundsätzlich, daß alle vor dem Gesetz gleichgestellt sind und daß das Maß der Strafe nicht nach der gesellschaftlichen Situation festgesetzt wird. Außerdem gilt der Schuldige nach Verbüßung der Strafe als unbelastet, seine nun gesühnte Tat darf ihm nicht mehr zur Last gelegt werden. Im folgenden sollen einige schwerwiegende Verbrechen und deren entsprechende Strafen aufgeführt werden.

1. Der *Abfall vom Glauben* kann im Islam nicht durch Berufung auf die Religionsfreiheit geduldet werden. Wer einmal Muslim geworden ist, hat kein Recht mehr darauf, seinen Glauben wieder abzulegen, denn er würde sich damit aus dem Bereich der Barmherzigkeit Gottes ausschließen, seine Werke würden wertlos werden wie die der Ungläubigen, und er hätte im Jenseits die Höllenstrafe zu erwarten. Der Koran sieht im Falle der Heuchler, die als Gefahr für die Gemeinschaft gelten, die Regelung vor, daß die Muslime sie, wenn sie sich abwenden, ergreifen und töten sollen (4, 88–89). Die Rechtsgelehrten wenden diese Regelung auf den Abfall vom Glauben allgemein an und setzen dafür die Todesstrafe fest. Muḥammad habe im übrigen selbst gesagt: „Wer seine Religion ändert, den tötet!"

2. Der Koran hält das Leben des Menschen für unantastbar und verbietet das unberechtigte Töten und den *Mord.* Der Mörder wird der Vergeltung durch die Verwandten des Ermordeten freigegeben, jedoch erst nach der Feststellung des Tatbestandes durch den Richter oder seinen Stellvertreter. Das Strafmaß entspricht der Straftat selbst: Der Mörder wird zum Tode verurteilt, und zwar nur er selbst, nicht aber seine Familie oder seine Sippe. Die Angehörigen des Ermordeten dürfen von ihrem strikten Recht ablassen (dies gilt als Abmilderung des strengen jus talionis) und Blutgeld verlangen (2, 178). Im Fall des Verzichtes auf die Hinrichtung des Mörders von seiten der Angehörigen darf die Regierung gefährliche Mörder dennoch festhalten und unter Arrest stellen.

Im Falle eines aus Versehen verübten Totschlags darf der Täter nicht mit dem Tod bestraft werden. Er muß für seine Tat Sühne leisten: Blutgeld, Befreiung eines Sklaven oder Fasten während zweier aufeinanderfolgender Monate (4, 92). Bei Verletzungen und ähnlichen Vergehen kommt wiederum das jus talionis zur Anwendung: Auge um Auge usw. Der Verletzte darf jedoch auf die Bestrafung des Täters verzichten und dafür eine Entschädigung verlangen, deren Höhe in den Rechtsbüchern festgesetzt wird.

Was die *Abtreibung* betrifft, so wird heute die Notwendigkeit, das Leben vom Zeitpunkt der Empfängnis zu schützen, betont, denn es ist von Anfang an Schöpfung Gottes (23, 12–14; 56, 57–59). Und jeder Mensch, auch in diesem Stadium des Wachsens, ist nicht der Verfügungsgewalt der Menschen, nicht einmal der Eltern, unterworfen. Er ist Diener Gottes (19, 93) und Eigentum seines Schöpfers (10, 68). Daher besitzt niemand das Recht, ihn unberechtigterweise zu töten (17, 33). Eine Schwangerschaftsunterbrechung ist also nur dann zulässig, wenn es mit Sicherheit feststeht, daß das Leben der Mutter in Gefahr ist, daß keine andere Möglichkeit besteht, das Leben der Mutter zu retten als die Abtreibung, und endlich, daß der Eingriff nach ärztlicher Erfahrung auch den gewünschten Erfolg bringt. Der Grund für diese Ausnahme ist, daß man von zwei Übeln das geringere zu wählen hat.

3. Der Koran verurteilt die Unzucht, den Ehebruch, die Homosexualität und die Prostitution. *Sexuelle Verbrechen* werden hart bestraft. Die Strafe der Unzucht für Unverheiratete, ob Männer oder Frauen, wird im Koran auf hundert Peitschenhiebe festgesetzt; außerdem darf die schuldige Person keinen guten und gläubigen Partner mehr heiraten (24, 2–3). Auf einwandfrei festgestellten Ehebruch steht die Todesstrafe. Wird aber eine Frau, die nicht geständig ist, von vier Zeugen belastet, so bestimmt der Koran, diese im Haus festzuhalten, „bis der Tod sie abruft oder Gott ihr einen Ausweg verschafft" (4, 15), z. B. dadurch, daß sich das Zeugnis als falsch erweist. Diese letzte Strafe trifft auch die unverheiratete Frau, die mit einem verheirateten Mann Unzucht treibt; der unverheiratete Mann, der mit einer verheirateten Frau Unzucht treibt, wird für die Dauer eines Jahres verbannt. Darüber hinaus trifft die unverheirateten Schuldigen die Strafe für Unzucht, d. h. hundert Peitschenhiebe. Die Homosexualität wird nach einigen Rechtsgelehrten wie die Unzucht bzw. der Ehebruch bestraft. Andere Rechtsgelehrten meinen, der jeweilige Richter dürfe die Strafe ver-

hängen, die er für angebracht hält. Andere sprechen sich für die Hinrichtung der beiden Schuldigen aus.

4. Der *Diebstahl* wird durch Abhacken der Hand bestraft (5,38), wenn folgende Bedingungen erfüllt sind: daß der Dieb erwachsen und seiner Sinne mächtig ist, daß der Dieb das nimmt, woran er keinen Anteil bzw. worauf er kein Teilrecht hat (Veruntreuung gemeinsamer Güter wird durch andere Strafen geahndet), daß der Dieb gut erkennbares und behütetes Gut stiehlt, daß die gestohlene Menge erheblich ist und tatsächlich weggenommen wurde, endlich daß der Diebstahl nicht aus Not, wie z. B. aus Hunger, begangen wurde.

5. Für die Übertretung des *Weinverbots* sind vierzig Peitschenhiebe vorgesehen. Die Strafe kann auch auf achtzig Hiebe erhöht werden.

Wenn im Koran und in der Sunna Muḥammads sowie in der Tradition seiner ersten Nachfolger nichts bestimmt wurde, so ist es dem Richter überlassen, in seinem freien Ermessen das angebrachte Strafmaß festzulegen. Er muß dabei die Natur des Vergehens und den Zweck der Bestrafung (Besserung des Schuldigen und Abschreckung anderer Täter) berücksichtigen.

Manche Bestimmungen des islamischen Strafgesetzes mögen hart und nicht mehr zeitgemäß erscheinen. Für den gläubigen Muslim sind sie oft Bestandteil seiner Religion, und er weiß nichts Besseres, als den Verordnungen dieses Gesetzes zu folgen und an die Ermahnung des Korans zu denken: „Vielleicht ist euch etwas zuwider, während es gut für euch ist. Und vielleicht liebt ihr etwas, während es schlecht für euch ist“ (2,216).

2 Der islamische Staat und die Nicht-Muslime

Wenn der islamische Staat im innenpolitischen Bereich das Instrument des *Totalitätsanspruchs* des Islams ist, so ist er nach außen Träger seines *Universalanspruchs.* Kraft dieses Anspruchs proklamiert der Islam seine Lebensordnung als universal gültig und als im Grundsatz verbindlich für alle Gemeinschaften und Staaten. So fühlt sich der Islam dazu aufgerufen, den Herrschaftsbereich des islamischen Gesetzes und Staates auszudehnen, die Normen der islamischen Gesellschaftsordnung zur universalen Geltung zu bringen, die Institutionen der politischen Struktur des Islams überall in der Welt zu errichten und somit eine einheitliche Gesellschaft unter islamischem Gottesrecht zu bilden, die möglichst alle Menschen umgreift. Die traditionelle Maxime lautet ja: „Der Islam herrscht, er wird nicht beherrscht." Was diese Haltung für Folgen hat in bezug auf Frieden und Toleranz, soll im folgenden kurz ausgeführt werden.

Frieden oder kriegerischer Einsatz?

Das islamische Rechtssystem, wie es im Mittelalter ausgearbeitet wurde, kennt eine Aufteilung der Welt in zwei Gebiete: das Gebiet des Islams und das Gebiet des Krieges. Das Gebiet des Islams ist Gottes Staat, das Reich des Friedens, in dem das islamische Gesetz herrscht. Im Gebiet der Nicht-Muslime herrscht das Gesetz der Ungläubigen bzw. der Nicht-Muslime vor, das mehr oder weniger den Bestimmungen des Islams widerspricht. Die islamische Gemeinschaft bzw. der islamische Staat hat die Pflicht, das Gebiet des Islams gegen die Angriffe der Feinde zu verteidigen und sich darüber hinaus aktiv einzusetzen, um auch im Gebiet der Nicht-Muslime dem Gesetz des Islams zum Sieg zu verhelfen und die Rechte Gottes zur Geltung zu bringen. Dieser Pflicht, die der Gemeinschaft als solcher obliegt, wird Genüge getan, wenn an einem Ort, irgendwo in der Welt, Bemühungen um die Ausbreitung des Herrschaftsbereichs des Islams unternommen werden. Das Endziel des Kampfes

„auf dem Weg Gottes", wie sich der Koran ausdrückt (2, 190 u. a.), wird erst erreicht, wenn auch das Gebiet der Feinde dem Gebiet des Islams angegliedert sein wird, wenn der Unglaube endgültig ausgerottet sein wird, wenn die Nicht-Muslime sich der Staatsgewalt des Islams unterworfen haben werden. Solange die alleinige Herrschaft des Islams nicht die ganze Welt umfaßt hat, bleibt der Einsatz für die Sache des Islams – auch mit den Mitteln des bewaffneten Kampfes – ein Dauerzustand.

Der Friede ist der zu erreichende Endzustand der Auseinandersetzung zwischen dem islamischen Staat und den nicht-muslimischen Gemeinschaften. Der Friede wird erst erreicht sein und gilt erst als endgültig, wenn die Grenzen des islamischen Staates an die Grenzen der Erde gelangen, wenn also nur ein Staat bestehen bleibt: der islamische Staat.

Dies bedeutet aber nicht, daß der Islam sich in ständigem aktivem Kampf gegen die Nicht-Muslime befindet oder einen heiligen Dauerkrieg gegen die fremden Völker führen muß. Dies bedeutet auch nicht, daß der islamische Staat keine Beziehungen zu den Nicht-Muslimen unterhalten darf. Verträge und Abkommen dürfen geschlossen, Vereinbarungen getroffen und kulturelle und wirtschaftliche Beziehungen aufgenommen und gepflegt werden. Aber all das beinhaltet keineswegs die Anerkennung der Legitimität der fremden Staaten. Mit der Aufnahme solcher Beziehungen wird lediglich die Tatsache anerkannt, daß auch in den fremden Staaten, solange sie bestehen, eine gewisse soziale und politische Ordnung notwendig ist. So ist man bereit, die bestehende Obrigkeit und die herrschende Gesellschaftsordnung zur Kenntnis zu nehmen und mit der jeweiligen Regierung im Interesse der Muslime in Kontakt zu treten und vorübergehend friedliche Beziehungen zu vereinbaren. Für die Dauer dieser Friedenszeit bezeichnen Rechtsgelehrte das Gebiet des Krieges als „Gebiet des Friedens" oder „Gebiet des Vertrags". Betont wird jedoch, daß die Zulässigkeit ausgehandelter Verträge und vereinbarter Friedenszeiten nicht die Gleichstellung nicht-islamischer Länder mit dem islamischen Staat bedeutet. Vorübergehende und befristete Friedenszeiten sind theoretisch nur eine Pause auf dem Weg zur Islamisierung der ganzen Welt.

Die Vorstellungen des klassischen Rechtssystems in bezug auf den Einsatz für die Sache des Islams sowie die heute noch bzw. wieder von militanten Gruppen vertretene Lehre können wie folgt zusammengefaßt werden: Friede ist der Zustand innerer Ordnung im Staat, wenn dieser nach den Gesetzen des Islams regiert wird und wenn er Ungläubigen, Abtrünnigen, Aufständischen und ähnlichen existenzgefährdenden Gruppen keinen Raum gibt, sondern sie ausrottet oder bekehrt. Nach außen hin bedeutet Frieden den Endzustand, der nach der siegreichen Bekämpfung und Niederwerfung der nicht-muslimischen Gemeinschaften erreicht wird, so daß nur noch der islamische Staat bestehen bleibt, in dem Nicht-Muslime, insofern sie nur Anhänger einer vom Islam anerkannten Offenbarungsreligion und Besitzer heiliger Schriften sind, die Rechtsstellung von Schutzbürgern haben. Damit erfüllt die politische Gemeinschaft der Muslime *(Umma)* ihre Aufgabe, Trägerin und Wahrerin der Rechte Gottes und Hüterin der nach Maßgabe der Rechte Gottes festgesetzten Rechte der Menschen zu sein.

Gegenüber dieser klassischen Position betonen einige Denker in der islamischen Welt heute die Priorität des Friedens, nicht nur als Endzustand, sondern als normaler Zustand der Beziehungen der Menschen und der Gemeinschaften zueinander. Sie berufen sich auf die Zeitbedingtheit der koranischen Aussagen, die der Theorie des „Heiligen Krieges" zugrundeliegen, und betonen zu Recht, daß der Koran vielfältige Hinweise enthält, die eine Theorie des Friedens begründen können.

Toleranz und Rechtsstellung der Schutzbürger

Das klassische Rechtssystem des Islams geht in seiner theoretischen Konzeption von einer einheitlichen Gesellschaft aus, der Gesellschaft der Muslime, welche ihre Beziehungen zu den Minderheiten aufgrund geschlossener Verträge regelt. Der Rechtsstatus der Minderheiten beruht auf einem Schutzabkommen zwischen Eroberern und Unterworfenen, einem Vertrag, der aus den Muslimen die eigentlichen Vollbürger des Staates und aus den anderen nur Schutzbürger macht.

Das Schutzabkommen stellt die Anhänger einer vom Islam anerkannten Offenbarungsreligion (das ist der Fall bei Juden und Christen) unter den Schutz des islamischen Staates, der damit die Verpflichtung übernimmt, diese Gruppe von Untertanen zu schützen, Schaden von ihnen fernzuhalten, ihnen gesetzwidrig zugefügten Schaden wiedergutzumachen. Dieser Schutz beinhaltet im einzelnen die Sicherheit des Lebens und des Eigentums, das Recht, im Gebiet des Islams unbefristet zu leben, die Garantie der privaten und öffentlichen Rechte sowie den Respekt der Religions- und Kultfreiheit, endlich die religiöse Autonomie und Selbstverwaltung in Fragen des Personenstands-, Familien- und Erbrechtes.

Die wichtigsten Pflichten der Schutzbürger gegenüber dem islamischen Staat sind folgende: Loyalität, Unterwerfung unter die allgemeinen Gesetze und die Gerichtsurteile, Entrichtung der vereinbarten Tribute und Abgaben (Eigentums- und Kopfsteuern), Abstehen von Gotteslästerung, Beleidigung des Propheten Muḥammad und Verunglimpfung der islamischen Religion (Verbot von Bekehrungen).

Diese Bestimmungen bedeuten nicht, daß das Zusammenleben von Muslimen und Schutzbürgern immer ein gespanntes Verhältnis war; allerdings war es auch nicht ein überaus freundliches. Die geschäftlichen Beziehungen zwischen Muslimen und Schutzbürgern waren durch eine weitgehende Gleichheit der Partner gekennzeichnet. Aber daraus sollte nicht eine Beziehung vorbehaltlosen Respekts und entgegenkommender Freundschaft erwachsen. Der Koran erlaubt jedoch eine Teilgemeinschaft mit Juden und Christen. Die Muslime dürfen von dem essen, was Juden und Christen selbst essen, und umgekehrt; auch dürfen muslimische Männer jüdische bzw. christliche Frauen heiraten (5,5). Das islamische Gesetz verbietet jedoch, daß ein Jude oder ein Christ eine muslimische Frau heiratet, und dies aus Sorge um den Glauben und das religiöse Verhalten der Frau, die durch eine solche Heirat großer Gefährdung ausgesetzt würde. Bei der Schließung einer Mischehe mit einer jüdischen oder einer christlichen Frau fordert das islamische Recht nicht, daß diese zum Islam übertritt, sie darf die ihr zugestandene Religions- und Kultfreiheit ausüben.

Nicht nur in der Mischehe gibt es eine Rechtsungleichheit zwischen Muslimen und Schutzbürgern. Auch das Strafgesetz geht oft von einer Ungleichwertigkeit von Muslimen und Nicht-Muslimen aus. Die Ungleichheit der Bewohner des Landes aufgrund ihrer Religionszugehörigkeit tritt aber am deutlichsten im politischen Bereich zutage. Denn es geht da um die Ausübung der Macht im Staat, und diese ist nach islamischem Recht den Muslimen vorbehalten. So wird der Zugang zu Ämtern im Staat, die dem Amtsinhaber Gewalt über die Bürger verleiht, den Nicht-Muslimen verwehrt.

Zusammenfassend kann man feststellen, daß das klassische Rechtssystem des Islams die Bildung einer Gesellschaft mit zwei Klassen von Bürgern vorsieht. Die einen, die Muslime, sind die eigentlichen Bürger; die anderen werden toleriert, ihnen wird ein Lebensraum geschaffen, aber ihre Rechte sind nur die, die ihnen der islamische Staat gewährt. Und diese gewährten Rechte gehen von einer grundsätzlichen Ungleichheit und Ungleichwertigkeit von Muslimen und Schutzbürgern aus. Muslime und Nicht-Muslime sind ja nicht gleichberechtigt im Staat, sie sind nicht alle Träger der gleichen Grundrechte und der gleichen Grundpflichten. Die Nicht-Muslime sind zwar nicht recht- und schutzlos, sie werden dennoch als Bürger zweiter Klasse im eigenen Land behandelt. Diese Mischung von Toleranz und Intoleranz, diese relative Integration der Nicht-Muslime im Staat machte die Lebensgeschichte der Juden und der Christen im islamischen Staat – unter dem Druck der islamischen Mehrheit – oft und immer wieder zu einer Leidensgeschichte.

Es stellt sich also die Frage, ob es heute tragbar ist, einen Staat nach diesem Modell wieder zu errichten, einen Staat, in dem die Muslime alle Gewalt für sich vereinnahmen und die anderen Mitbürger zu Schutzbürgern deklassieren, welche dem Willen und Entgegenkommen wie auch der Willkür und dem Gutdünken der Mehrheit ausgeliefert sind.

Bekehrung im Islam

Der Islam kennt zwei Formen von Bekehrungen: die Bekehrung zum Islam und die Bekehrung von Muslimen zu einer anderen Religion bzw. zum Atheismus. Die Bekehrung zum Islam gilt als geboten bzw. für Anhänger von Offenbarungsreligionen (u. a. für Juden und Christen) wenigstens als empfohlen. Die Bekehrung von Muslimen zu einer nicht-islamischen Religion wird Abkehr *(ridda)*, Apostasie, Abfall vom Glauben genannt und ist unter Androhung der äußersten Strafe, der Hinrichtung, verboten.

1 Die Bekehrung zum Islam

Die schöpfungsmäßige Anlage des Menschen

Die Bekehrung zum Islam ist nach islamischem Selbstverständnis die Hinwendung des Menschen zur ursprünglichen Form der Religion und zur Rechtleitung Gottes. Sie ist eine Rückorientierung an der schöpfungsmäßigen Anlage des Menschen [1], die ihn für die Erkenntnis Gottes eröffnet und in ihm die Bereitschaft zum Gehorsam gegen den Willen Gottes erweckt. Wenn von der ursprünglichen Form der Religion gesprochen wird, dann geht es um die sogenannte Uroffenbarung und den damit verbundenen Urpakt.

Nach der Vorstellung des Korans hat Gott jedem einzelnen Menschen den Grundgehalt der späteren prophetischen Botschaften kundgetan, und zwar in einer Uroffenbarung: „Und als dein Herr aus den Lenden der Kinder Adams ihre Nachkommenschaft nahm und gegen sich selbst zeugen ließ: ‚Bin ich nicht euer Herr?' Sie sagten: ‚Jawohl, wir bezeugen es'" (7,172).

Somit wird festgestellt, daß der Monotheismus, der Glaube an den einen, einzigen Gott, und die Anerkennung seiner Souveränität und Herrschaft im Herzen eines jeden Menschen eingepflanzt ist. Obwohl viele Menschen sich dem Glauben verschließen, sich von Gott und seinen Wegen aus verschiedenartigen Gründen abwenden bzw. abbringen lassen, so bleibt jedoch die Spur dieser Uroffenbarung so tief im Menschen verankert, daß ihm der Zugang zur Gotteserkenntnis nie endgültig versperrt ist. Wer ein ehrliches Herz, ein reines Auge, einen einsichtigen Verstand besitzt, kommt zur Erkenntnis des einen, einzigen Gottes. Denn die Zeichen der Gegenwart und des Wirkens Gottes in seiner Schöpfung und in der Geschichte der Menschen sind so zahlreich und so eindeutig, daß jeder sie wahrnehmen kann.

Wenn also das Bekenntnis zum Monotheismus im Herzen des Menschen so fest verwurzelt ist, wenn es zudem die Vernunft des Menschen nicht vergewaltigt, sondern im Gegenteil noch verständiger, noch einsichtiger macht, dann gehören die Erkenntnis Gottes und die Anerkennung seiner Souveränität zu den natürlichen Anlagen des Menschen.

Die Uroffenbarung beinhaltet aber nicht nur die Aufforderung zum Glauben an Gott, sondern auch die Bezeugung seiner Souveränität und Herrschaft. In der Urzeit nahm Gott von den Menschen ihre Verpflichtung, ihm allein zu dienen, entgegen. Das ist der Urpakt zwischen Gott und den Menschen. Die Antwort des Menschen auf die Offenbarung Gottes ist der totale Gehorsam des Glaubens und die totale Hingabe in seinen absoluten, nicht hinterfragbaren Willen: „Habe Ich euch, o ihr Kinder Adams, nicht auferlegt, ihr sollt nicht dem Satan dienen – er ist euch ja ein offenkundiger Feind –, ihr sollt Mir dienen – das ist ein gerader Weg?" (36,60–61).

Uroffenbarung und Urverpflichtung umschließen derart das Leben des Menschen, daß niemand eine Entschuldigung für seinen Unglauben und seinen Frevel vorbringen kann: „... damit ihr nicht am Tag der Auferstehung sagt: ‚Wir ahnten nichts davon', oder auch nicht sagt: ,Unsere Väter waren doch zuvor Polytheisten, und wir sind nur eine Nachkommenschaft von ihnen ...'" (7,172–173).

Die Aufgabe der Propheten, die Gott im Laufe der Zeit zu jedem Volk (13,7; 35,24) gesandt hat, besteht darin, die vergeßlichen Menschen und all diejenigen, die aus mannigfaltigen Gründen (von diesen Gründen wird weiter unten die Rede sein) an Gott nicht glauben und seinen Willen nicht tun, für den Glauben und den Gehorsam wiederzugewinnen, ihre Bekehrung zur richtigen Religion einzuleiten und ihnen diese Umorientierung vollziehen zu helfen. So verkünden alle Propheten nach der Aussage des Korans immer wieder die gleiche Grundbotschaft: „O mein Volk, dienet Gott. Ihr habt keinen Gott außer Ihm" (7,59.65.73.85). Das ist die Aufforderung, die Gott nach dem Koran selbst bekräftigt hat: „Es gibt keinen Gott außer Mir, so dienet Mir!" (21,25; vgl. 16,36).

Wege der Glaubensfindung und der Bekehrung

Um die Menschen für den Glauben zu öffnen, weisen die Propheten – und der Koran mit besonderem Nachdruck – auf drei Wege zur Glaubensfindung und zur entsprechenden Bekehrung hin.

Der *erste Hinweis* bezieht sich auf die unübersehbare Macht des Schöpfers in der Natur und die unzähligen Zeichen seiner Vorsehung in der Lebensordnung der Menschen (vgl. 41,37; 45,3–5; 6,99; 2,163–165 usw.). In diesem Zusammenhang ist die Koranstelle 30,17–25 besonders eindrucksvoll.

Der *zweite Hinweis* stellt den Ungläubigen vor Augen, wie Gott in der Vergangenheit an verstockten Völkern gehandelt hat. All diejenigen, die sich von ihren Propheten nicht mahnen ließen und sich weigerten, den Glauben anzunehmen, wurden dem Verderben preisgegeben. Solche Zeugnisse hat Gott lebendig erhalten, damit sie eine eindringliche Mahnung für spätere Völker seien. Nur völlig verstockte Herzen können sich gegenüber solchen warnenden Beispielen blind und taub stellen. Der Koran beruft sich an vielen Stellen auf dieses Zeugnis der Vergangenheit (u.a. 40,82; 36,31; 27,51–53.69; 30,9.42; 47,10). Nur einer der zahlreichen Texte soll hier zitiert werden: „Sind sie denn nicht auf der Erde umhergegangen und haben geschaut, wie das Ende derer war, die vor ihnen lebten? Sie hatten eine stärkere Kraft und hinterließen mehr Spuren auf der Erde als sie. Da ergriff sie Gott wegen ihrer Sünden. Und es gab für sie niemanden, der sie vor Gott hätte schützen können" (40,21).

Der *dritte Hinweis* konfrontiert die Ungläubigen mit der Drohung Gottes für die Zukunft, einer Drohung, die sie bestimmt treffen wird. Sie sollten sich deshalb zu Gott bekehren, bevor es zu spät ist (vgl. 10,102).

In einer Stelle spricht der Koran alle drei Hinweise an: 32,26 (Zeugnis der Vergangenheit); 32,27 (Zeugnis der Schöpfung); 32,28–29 (Androhung der Strafe in der Zukunft):

> Ist es ihnen nicht aufgegangen, wie viele Generationen, in deren Wohnungen sie nun schreiten, Wir vor ihnen haben verderben lassen? Darin sind Zeichen. Wollen sie denn nicht hören?
> Haben sie nicht gesehen, daß Wir das Wasser zum dürren Land treiben und dadurch Getreide hervorbringen, das ihr Vieh und sie selbst verzehren? Wollen sie denn nicht einsichtig sein?
> Und sie sagen: „Wann wird dieser Richterspruch eintreten, so ihr die Wahrheit sagt?" Sprich: Am Tag des Richterspruchs wird denen, die ungläubig waren, ihr Glaube nicht (mehr) nutzen.[2] Und ihnen wird kein Aufschub gewährt.

Hindernisse auf dem Weg zum Glauben

Ein Hindernis auf dem Weg der Ungläubigen bzw. der Andersgläubigen (hier vor allem Juden und gelegentlich auch Christen) zum Glauben ist nach der Einschätzung des Korans der Hochmut der Ungläubigen (74,23–24), ihre Überheblichkeit (2,87), ihre persönlichen Neigungen (54,3), ihr Egoismus (2,87; 5,70), ihr Vertrauen in ihre eigene Macht und ihren Reichtum (3,181).

Hinderlich ist auch das Festhalten am Glauben der Väter (2,170: „Wir folgen lieber dem, was wir bei unseren Vätern vorgefunden haben"; vgl. 10,78; 11,53.62.87; 14,10; 21,53; 26,74; 34,43; 46,22) bzw. an der eigenen Tradition (2,91: „‚Wir glauben an das, was auf uns herabgesandt wurde.' Sie verleugnen aber, was nachher kam ..."; vgl. 7,28.70.173; 6,148; 11,109; 16,35; 23,24; 28,36).

Ein weiteres Hindernis auf dem Weg der Bekehrung zum Glauben besteht darin, daß die Menschen sich von ihren eigenen irdischen Interessen und gesellschaftlichen Bindungen nicht loslösen wollen (29,25); sie sind verblendet durch die Verlockungen des Diesseits, und oftmals verwenden sie keine Gedanken über das Jenseits und das Gericht Gottes: „Das diesseitige Leben ist denen, die ungläubig sind, verlokkend gemacht worden, und sie verhöhnen diejenigen, die glauben" (2,212).

Bekehrung und Auswirkungen der Annahme des Islams

Aus diesen Gründen, die sich in der Geschichte der Irrungen und Wirrungen der Menschen ausgewirkt haben, und angesichts der Haltungen, die dort deutlich geworden sind, geht der Islam davon aus, daß der Mensch in der konkreten Gesellschaft auf jeden Fall auf Gott und seine praktische Rechtleitung angewiesen ist, um richtig leben zu können. Der Mensch ist von sich aus praktisch unfähig, die lebenspendende Wahrheit zu finden und anzunehmen. Der Mensch ist genauso unfähig, den rechten Weg zu finden und zu befolgen. Die Geschichte zeigt zudem, daß die wiederholten Aufrufe der Propheten ungehört verhallt sind. Die Menschen sind lieber den Neigungen ihrer Seele nachgegangen, dieser Seele, die „mit Nachdruck das Böse gebietet" (12,53).

Wer sich also zu Gott und seinem Willen bekehrt, wird

sicher die Wahrheit finden und den rechten Weg gehen, denn „Gott sagt die Wahrheit, und Er führt den (rechten) Weg“ (33,4). Die Befolgung der Wege des Islams verleiht die Gewißheit, das Ziel des Lebens zu erreichen; der Bekehrte darf die Hoffnung haben, Gottes Wohlwollen zu erlangen. Andernfalls geht der Mensch in die Irre und wird dereinst der Verdammnis anheimfallen. Das bezeugen nach den Worten des Korans die Bewohner des Paradieses: „Wir hätten unmöglich die Rechtleitung gefunden, hätte uns Gott nicht rechtgeleitet“ (7,43).

Wer sich von Gott leiten läßt, ist nicht nur fürs Paradies bestimmt, er ist auch ein vorbildliches Mitglied der islamischen Gemeinschaft, ein echter Muslim, der sich dem Willen des Herrn der Welten hingibt. Sein Gehorsam ist das Merkmal seiner Identität als Muslim. Er darf die Zusicherung genießen und im praktischen Leben betonen, daß die Muslime „die beste Gemeinschaft (seien), die je unter den Menschen hervorgebracht worden ist“ (3,110).

Es gab zwar in der Geschichte Gemeinschaften, die Gottgefallen erworben haben, wie jüdische oder christliche Gemeinden; aber der Islam ist, da er nun von Gott verkündet und als Gesetz für alle Menschen festgesetzt worden ist, nach eigenem Selbstverständnis die letzte, universelle und letztgültige Religion; er ist der letzte Höhepunkt der Prophetengeschichte. Er bringt das endgültige Gesetz, nach dem es keine weitere Offenarung und keine verpflichtende Kundgebung des göttlichen Willens mehr gibt. Was für die Menschen immer noch dunkel geblieben ist, soll der Entscheidung Gottes am Tag des Gerichts überlassen werden (vgl. 3,7).

Wie er von Muḥammad verkündet worden ist, versteht sich der Islam also als die letzte Etappe der religiösen Geschichte, vornehmlich der biblischen Tradition, und als die alleinige, endgültige, von Gott gewollte Religion. Die anderen Religionen haben somit wenigstens ihren universalen Anspruch verloren. Muḥammad sei der Gesandte Gottes an alle Menschen (7,158) und das „Siegel der Propheten“ (33,40). „Die Religion bei Gott ist der Islam“, betont der Koran (3,19; vgl. 48,28; 5,5–6). Er schärft sogar den Menschen ein: „Wer eine andere Religion als den Islam sucht, von dem wird es nicht angenommen werden" (3, 85).

Mittel zur Herbeiführung der Bekehrung

Es gibt *friedliche* Mittel, die Menschen für Gott und seine Religion, d. h. für den Islam, zu gewinnen. Der Koran appelliert an die Selbstverantwortung der Menschen und an das richtige Verständnis ihrer eigenen Interessen: „Sprich: O ihr Menschen, zu euch ist die Wahrheit von eurem Herrn gekommen. Wer der Rechtleitung folgt, folgt ihr zu seinem eigenen Vorteil, und wer irregeht, geht irre zu seinem eigenen Schaden" (10, 108).

Für die praktische Gestaltung der Verkündigung des Islams und des Aufrufs zur Annahme des Glaubens und zur Leistung des Gehorsams gegenüber dem Willen Gottes hat der Koran praktische Anweisungen erteilt: „Ruf zum Weg deines Herrn mit Weisheit und schöner Ermahnung, und streite mit ihnen auf die beste Art" (16, 125). Für das Verhalten gegenüber streitsüchtigen Gegnern gibt der Koran zudem einige Regeln. Die Muslime sollen sich nicht in eine Diskussion mit denen verwickeln lassen, die mit den Versen Gottes ihren Spott treiben wollen, bis sie ein anderes Thema ansprechen (6, 68; 4, 140). Sonst soll man sie stehenlassen (6, 70). Wenn aber die Gegner die harte Diskussion suchen und die Wahrheit der islamischen Botschaft in Zweifel ziehen wollen, dann soll man solche unnützen Dispute vermeiden. Gott gehört die letzte Entscheidung über die Angelegenheiten der Menschen am Tag der allgemeinen Abrechnung (vgl. 22, 67–69). Gott allein besitzt ja die Macht, die Menschen rechtzuleiten: „Du kannst nicht rechtleiten, wen du gern möchtest. Gott ist es, der rechtleitet, wen Er will ..." (28, 56; vgl. 43, 40).

Zu dieser Haltung gehört die pragmatische Anerkennung des religiösen Pluralismus durch den Koran im Hinblick auf die Existenzberechtigung der Offenbarungsreligionen, d. h. hauptsächlich in bezug auf das Judentum und das Christentum. Eine relative Gültigkeit und Heilswirksamkeit besitzen diese Religionen, insofern sie den Glauben an Gott und die Normen des Guten vermitteln: „Diejenigen, die glauben, und diejenigen, die Juden sind, und die Christen und die Ṣābier[3], all die, die an Gott und den Jüngsten Tag glauben und Gutes tun, erhalten ihren Lohn bei ihrem Herrn, sie haben nichts zu befürchten, und sie werden nicht traurig sein" (2,62; vgl. 5,69). Die verschiedenen Gemeinschaften sollen also miteinander nicht über ihr jeweiliges Gesetz (22,67) streiten, sondern im Guten wetteifern: „Jeder hat eine Richtung, zu der er sich wendet. So eilt zu den guten Dingen um die Wette ..." (2,148; vgl. 5,48). Die besondere Rolle der Muslime besteht nach dem Koran darin, als „eine in der Mitte stehende Gemeinschaft ... Zeugen über die Menschen" zu sein (2,143; vgl. 22,78).

Dies bedeutet jedoch nicht, daß nach dem Koran nun alle Religionen gleichwertig sind, denn der Islam bleibt die alleinige wahre Religion (3,19), und er erhebt einen Absolutheitsanspruch (vgl. 3,85). Mit dem Fortschreiten der Ausbreitung des Islams und der Einrichtung der Institutionen der islamischen Gemeinschaft in der Welt nähern sich die Menschen der ursprünglichen Einheit, die nach dem Plan Gottes das besondere Merkmal der Menschheit war (vgl. 2,213). Die Rechte Gottes werden wieder uneingeschränkt respektiert werden und die Menschen nach den Verordnungen des Gesetzes Gottes ihr Leben gestalten.

Wenn der Aufruf zur Bekehrung und zur Annahme des Islams keinen Erfolg hat, dann hat die islamische Gemeinschaft als solche die Pflicht, sich militant für die Sache des Islams einzusetzen, um auch im Gebiet der Nicht-Muslime dem Gesetz Gottes zum Sieg zu verhelfen und die Rechte Gottes zur Geltung zu bringen. Dieser Einsatz kann auch die Gestalt kriegerischer Auseinandersetzung annehmen.

Bekehrungen zum Islam heute

Wenn in der Vergangenheit nicht nur friedliche Mittel eingesetzt wurden, wenn vor allem die Truppen des Islams dessen breites Eindringen in den Orient, in Nordafrika und in

Asien besorgten, so werden heute kaum noch militärische Mittel benutzt, um den Islam zu verbreiten bzw. seinen Herrschaftsbereich auszudehnen.

Viele Übertritte zum Islam sind die Folge von Mischehen, entweder weil der Mann, der eine muslimische Frau heiraten will, entsprechend den Bestimmungen des islamischen Rechtes den Islam annimmt, damit eine solche Ehe geschlossen werden kann, oder weil eine jüdische bzw. christliche Frau, die einen Muslim heiratet, aus verschiedenen Gründen mit der Zeit meint, zum Islam übertreten zu sollen.

Bekannt geworden sind auch Bekehrungen von Intellektuellen. Einige von ihnen waren in der Religion ihrer Gemeinschaft nicht fest verankert bzw. haben dort keine Heimat mehr gefunden. Andere sehen im Islam mit seinem strengen Gesetz eine wohltuende Richtschnur. Wieder andere sind von der politischen Wirkkraft des Islams fasziniert. Es gibt auch welche, die ihre Unsicherheit und das Gefühl des Überfordertseins im praktischen Leben durch die Annahme der islamischen Lebensordnung zu überwinden suchen.

Bekehrungen zum Islam erfolgen auch durch die Bemühungen der Missionare des Islams in Europa, Amerika, Asien und Afrika. Es seien hier einige Anmerkungen angebracht über die Art und Weise, wie sich der Islam z.B. in Afrika seine Arbeit vorstellt, um die Menschen für sich zu gewinnen bzw. sie seinem Gesetz zu unterwerfen.

Der Islam präsentiert sich in Afrika als eine Religion, die eine solidarische Gemeinschaft begründet. Er stellt an den afrikanischen Menschen zunächst einmal keine einschneidenden Forderungen. Manchmal arrangiert er sich mit der Tradition und den Bräuchen der Stämme. Er tastet die Familien- und Verwandtschaftsstruktur, die in Afrika eine große soziale Bedeutung besitzen, kaum an. Er fordert nicht die sofortige Abschaffung althergebrachter Gewohnheiten und Sitten. In einer weiteren Phase, wenn sie nun eine gewisse politische Größe erreicht haben, verlangen die Muslime eine Beteiligung an der Staatsmacht, an der Gestaltung des gesellschaftlichen Lebens, bis hin zur Übernahme der

Macht im Staat, zur Vereinnahmung der Gesellschaft und zu ihrer Neugestaltung im Sinne des islamischen Gesetzes.

Der Islam präsentiert sich außerdem, im Gegensatz zum Christentum, als die Religion der Nicht-Weißen, als die Religion der Dritten Welt. In ihren missionarischen Bemühungen betonen die Muslime, daß der Islam einen bedeutenden Beitrag zur Befriedung des jeweiligen Landes leistet; denn alle Muslime seien ja Brüder, wie sich der Koran ausdrückt (49, 10), und die Solidarität der Gläubigen miteinander helfe, die Konflikte zu schlichten. Darüber hinaus sei der Islam eine solide Grundlage für die Einheit des Staates.

Da auch reiche islamische Länder ihre Möglichkeiten zur Ausbreitung und zur Festigung des Islams einsetzen, gewinnt mancher den Eindruck, daß der Islam zum kräftigen sozialen und wirtschaftlichen Aufstieg seiner Gläubigen und zur Entwicklung ihrer Gemeinschaften und Länder wirksam beiträgt.

2 Verweigerung der Bekehrung und Abkehr vom Islam

Wenn der Glaube an Gott und der Gehorsam gegenüber seinem Willen der schöpfungsmäßigen Anlage des Menschen entspricht, wenn der Glaube jedem Menschen zugänglich ist, wenn dieser Glaube von den Propheten der verschiedenen Völker verkündet worden ist und der Islam, wie er es in seinem Absolutheitsanspruch bekräftigt, die letztgültige Form des Monotheismus und des religiösen Gesetzes darstellt, so gibt es für keinen Menschen und unter keinen Umständen eine Entschuldigung für die Verweigerung des Glaubens sowie für den Abfall vom einmal angenommenen Glauben und die Abkehr vom Islam.

Verweigerung des Glaubens

Die Haltung des Korans zur Verweigerung des Glaubens durch die Menschen und zur Religionsfreiheit im allgemeinen ist durch zwei scheinbar gegensätzliche Feststellungen sowie durch zwei entsprechende Entscheidungsrichtungen gekennzeichnet.

Muḥammad mußte immer wieder erleben, daß er trotz Argumenten und Ermahnungen, die ihm eindeutig und einsichtig erschienen, nicht in der Lage war, die Polytheisten und die „Leute des Buches" (Juden und Christen) zum Islam zu bekehren. Er kam daher immer stärker zu der Überzeugung, daß die Annahme bzw. die Verweigerung des Glaubens von der Allmacht Gottes bestimmt seien. Diese Überzeugung fand ihren Ausdruck in vielen koranischen Versen: „Wenn dein Herr wollte, würden die, die auf der Erde sind, alle zusammen gläubig sein. Bist du es etwa, der die Menschen zwingen kann, gläubig zu werden?" (10,99; vgl. 32,13; 16,19; 6,35.149; 13,31). – „Denen, die ungläubig sind, ist es gleich, ob du sie warnst oder ob du sie nicht warnst; sie glauben nicht. Versiegelt hat Gott ihre Herzen und ihr Gehör, und über ihrem Augenlicht liegt eine Hülle. Und bestimmt ist für sie eine gewaltige Pein" (2,6–7; vgl. 18,57; 32,13–14; 45,23; 6,25).

Von der Rechtleitung und der Irreführung durch Gott sprechen viele Koranstellen: „Gott führt irre, wen Er will, und wen Er will, den bringt Er auf einen geraden Weg" (6,39; vgl. 16,93; 14,4; 35,8; 7,178 ; 6,125; 2,23.142). – „Wen Gott irreführt, der hat niemanden, der ihn rechtleiten könnte" (7,186; vgl. 18,17; 17,97; 39,23.37; 13,33).

Wenn also die Menschen gegen die deutlichen Zeichen Gottes in seiner Schöpfung und in der Botschaft seiner Propheten sowie im Leben der früheren Generationen Widerstand leisten und sich nun weigern, die Wahrheit der koranischen Verkündigung anzunehmen und sich folglich nicht unter das Gesetz Gottes zu stellen, so ist dies als Bestimmung Gottes zu verstehen, d. h. als das Geheimnis der Beziehung zwischen der Allmacht Gottes und dem Gewissen des Menschen. Daher gilt der allgemeine Grundsatz: „Es gibt keinen Zwang in der Religion ..." (2,256). Dieser Grundsatz gilt als Fundament der islamischen Toleranz in Sachen des Glaubens und der religiösen Praxis. Die islamische Tradition hat diesen Satz als Verbot verstanden, die Menschen zur Annahme des Glaubens zu zwingen, also nicht nur als Feststellung, daß niemand außer Gott in der Lage sei, die Menschen zum Glauben zu zwingen.

Der Koran stellt jedoch auf der anderen Seite fest, daß der Zugang zum Glauben offen und die Annahme des Glaubens möglich ist (vgl. 18,29: „Wer nun will, möge glauben, und wer will, möge ungläubig sein") und daß alle Menschen die Pflicht haben, zu glauben und dem Willen Gottes zu gehorchen.

Die Muslime, denen Gott seine Offenbarung und die Sache seiner Religion anvertraut hat, sind daher gehalten, diejenigen, die sich weigern zu glauben und auf ihrem Unglauben beharren, zur Annahme des Islams zu bewegen. Bekehren sie sich, so gelten sie als Glaubensbrüder. Verweigern sie weiterhin den Glauben, so sind sie zu bekämpfen (vgl. u.a. 9,11–12).

Was die Andersgläubigen wie Juden und Christen betrifft, so werden sie im Hinblick auf die ihnen geschenkten Offenbarungsschriften „Leute des Buches" genannt. Sie sind im Grundsatz Gläubige, verweigern aber den vollständigen Glauben an den Islam als die von Gott gewollte endgültige Religion. Die vielen Streitgespräche zwischen Muḥammad und den Juden und Christen, die vom Koran bezeugt werden, machen deutlich, daß der Koran den Juden und den Christen einen gültigen Teil-Glauben bescheinigt, daß er sie aber auch des Teil-Unglaubens bezichtigt. Wegen ihres Teil-Glaubens werden sie nicht wie die Ungläubigen behandelt, sondern wie Andersgläubige. Wegen ihres Teil-Unglaubens trifft sie jedoch eine schwere Schuld, und sie werden einer entsprechenden Strafe unterworfen: Kämpft gegen sie, „bis sie von dem, was ihre Hand besitzt, Tribut entrichten als Erniedrigte" (9,29).

Abkehr vom Islam

Noch weniger entschuldbar als Ungläubige und Andersgläubige sind Muslime, die ihren Glauben ablegen und die schwerste Sünde der Apostasie begehen: „Diejenigen von euch, die sich von ihrer Religion abwenden und als Ungläubige sterben, deren Werke sind im Diesseits und im Jenseits wertlos. Das sind die Gefährten des Feuers; sie werden darin ewig weilen" (2,217). Der Koran entrüstet sich über die Abtrünnigen, „die ungläubig geworden sind, nachdem sie gläubig waren ... Die Vergeltung für sie ist, daß der Fluch Gottes und der Engel und der Menschen allesamt über sie kommt ... Ihre Reue wird nicht angenommen werden" (3,86–90; vgl. 2,217; 4,137; 5,5; 16,106–107).

Für diesen Abfall vom Glauben, der keine Entschuldigung hat, übergibt der Koran die Renegaten dem Zorn Gottes. Außer der jenseitigen Vergeltung und der gelegentlich auftretenden diesseitigen Strafe, die mit dem Zorn Gottes zusammenhängt, legt der Koran dafür direkt keine weitere Strafe fest. Die Rechtsgelehrten berufen sich jedoch auf die Koranstelle 4,88–89, in der befohlen wird, irregeführte Heuchler als Gefahr für die Gemeinschaft der Gläubigen zu betrachten und, „wenn sie sich abkehren", sie zu greifen und zu töten, wo immer die Muslime sie finden. Diese Bestimmung wird auf die Abtrünnigen angewandt.

Auch Muḥammad hat sich nach der islamischen Überlieferung in diesem Sinn geäußert: „Wer seine Religion wechselt, den tötet" (Bukhārī; Abū Dāwūd). Und: „Das Blut eines Muslims ist nur in drei Fällen freigegeben: bei Apostasie nach dem Glauben, bei Unzucht nach legitimer Eheschließung und bei einem nicht als Blutrache verübten Mord" (allgemein anerkannter Ausspruch Muḥammads).

So sind sich die Rechtsgelehrten über das Strafmaß für die Apostasie einig. Es sind zwar einige Fälle bekannt geworden, bei denen unter besonderen Umständen oder aus besonderen Gründen die Todesstrafe nicht vollstreckt oder die Abtrünnigen nicht hingerichtet wurden. Die Todesstrafe als gesetzliche Strafe für die Abkehr vom Islam behält jedoch ihre Gültigkeit. Denn das islamische Gesetz hält den

Abfall vom Glauben für die schwerste Sünde und darüber hinaus für eine direkte Gefährdung der Existenz der Gemeinschaft, so daß der Renegat gleich einem Kämpfer gegen die Muslime behandelt wird: Er soll hingerichtet werden.

Für die Muslime also, die bereits gläubig geworden sind und den Status von Mitgliedern der Gemeinschaft besitzen, gibt es im Prinzip keine Religionsfreiheit. Der offizielle Islam erkennt hier die Freiheit des Gewissens nicht an. Er billigt dem Muslim nicht mehr die Freiheit zu, den einmal angenommenen Glauben weiter zu behalten oder abzulegen.

Es gibt jedoch heute einige muslimische Denker, die sich kritische Fragen über die Gültigkeit solcher Bestimmungen in einer veränderten Situation stellen. Maḥmūd Shaltūt, früher Rektor der Azhar-Universität in Kairo und heute weiterhin eine anerkannte Autorität im Islam, wendet z. B. ein: „Viele Rechtsgelehrte meinen, daß solche Strafen durch die Überlieferungen, die von einzelnen Gewährsmännern tradiert werden, nicht bestätigt werden können und daß der Unglaube allein kein Grund ist, das Blut (des Ungläubigen) freizugeben, sondern der Grund zur Freigabe des Blutes ist die Bekämpfung der Gläubigen, der Angriff gegen sie und der Versuch, sie von ihrem Glauben abzubringen."[4]

Noch einen gewaltigen Schritt weiter geht der Generalsekretär des Kongresses der Islamischen Welt, Dr. Inamullah Khan, der die Anhänger nicht-islamischer Religionen nicht mehr als Gegner, sondern als Partner sehen will: Der Weg zum Frieden führe über die Begegnung der Gläubigen aus allen Religionen. Nur über den interreligiösen Dialog könne die Menschheit zu einem gerechten, ehrlichen und dauerhaften Frieden gelangen. Die Jugend müsse auch die Lehren und Traditionen ihrer Nachbarn kennenlernen. „Wir müssen angesichts der drohenden Gefahren endlich zur Kenntnis nehmen, daß unsere Welt längst zu einem ‚großen Dorf' geworden ist, in dem wir alle unmittelbar Nachbarn sind. Nachbarn aber sollten Respekt voreinander haben und den Traditionen des jeweils anderen Achtung und Wertschätzung entgegenbringen."[5]

Eine solche Neuorientierung in der Haltung der Muslime zu den Gläubigen anderer Religionen, zumal zu den Christen in der Welt, könnte hoffnungsfroh stimmen, würde sie eine breite Akzeptanz in der islamischen Welt finden.

Anmerkungen

1 Der Islam versteht sich in Anlehnung an Koran 30,30 („Und richte dein Gesicht auf die Religion als Anhänger des reinen Glaubens. Das ist die Schöpfung Gottes, die Er für die Menschen festgelegt hat") als die „schöpfungsmäßige Religion" *(dīn al-fiṭra).*

2 Er kommt ja viel zu spät und kann daher ihrem Leben keine neue Qualität mehr verleihen.

3 Eine Täufergemeinde wie die Mandäer. Siehe A. Th. Khoury, Der Koran. Übersetzung und wissenschaftlicher Kommentar, Bd. I, Gütersloh 1990, S. 284–285.

4 Maḥmūd Shaltūt, Al-Islām, ʿaqīda wa sharīʿa, Beirut, 8. Auflage o. J. (etwa 1978), S. 281.

5 In: Moslemische Revue, Jg. 9 (66), 4 (Soest 1990), S. 222–223. Dr. Inamullah Khan hat sich in letzter Zeit immer wieder in diesem Sinne geäußert.

Religiöse Toleranz in Christentum und Islam

Elemente zu einem Vergleich

Die Haltung des Islams zum „Heiligen Krieg" und seine Behandlung der Nicht-Muslime ist, wie auch in der Geschichte der Christenheit, mannigfaltig. Sie entspricht den verschiedenen Umständen im Leben des Propheten Muḥammad und seiner ersten Gemeinde sowie der Entwicklung der geschichtlichen Ereignisse im islamischen Reich. Wie die folgenden Ausführungen zeigen werden, ähnelt die Position des Korans und des islamischen Gesetzes der der mittelalterlichen Christenheit in Ost und West, in der keine Trennung zwischen Religion und Staat bestand und für die die Religion zwar eine Sache der inneren Überzeugung und des Gewissens war, aber im Rahmen des gesellschaftlichen Lebens auch soziale und politische Dimensionen aufwies. Somit gewinnt jede Abweichung von der religiösen Orthodoxie und der vorherrschenden sittlichen Norm eine gefährliche Seite, nicht nur für die religiöse Lehre, sondern auch für das Leben der Religionsgemeinschaft und damit auch für den Bestand des Staates.

1 Religionsfreiheit und Toleranz im Christentum

In diesem Abschnitt sollen die Grundsätze und die entsprechenden Argumente zu folgenden Fragen dargestellt werden: Durch welche Mittel strebt das Christentum die Verbreitung des Glaubens an? Wie steht das Christentum in seiner Lehre zur Frage der Religionsfreiheit der Andersgläubigen? Und wie stellt es sich die Beziehungen der Christen zu Nichtchristen vor?[1]

Glaube und Verkündigung

Grundsätzlich ist nach dem Evangelium das einzige legitime und in Wahrheit wirksame Mittel zur Ausbreitung des Glaubens die Verkündigung und das Zeugnis des christlichen Lebens.

Der Glaube ist frei, er ist das Geheimnis des Gewissens der einzelnen und entsteht unter der Einwirkung der Gnade Gottes. So kann er nicht durch Gewalt erzwungen werden. An diesem Prinzip haben die Christen zu jeder Zeit festgehalten, auch im Mittelalter. Thomas von Aquin faßt diesen Grundsatz folgendermaßen zusammen: „Unter den Ungläubigen sind solche, wie die Juden und die Heiden, die den Glauben nie angenommen haben. Diese Ungläubigen dürfen nicht zum Glauben gezwungen werden, denn der Glaube ist Sache des Willens."[2]

Das ist, wohlgemerkt, der Grundsatz; die Praxis hat ihm nicht immer entsprochen. Man kann also nicht behaupten, daß die Christen keine Zwangsbekehrungen vorgenommen hätten. Aber es geht jetzt darum, die grundsätzliche Lehre des Christentums zu beschreiben. Und auf dieser Ebene bleibt die vorhin dargelegte Lehre voll gültig.

Religionsfreiheit und Andersgläubige

Der zweite Fragenkomplex ist komplizierter, weil er sich auch auf die Gestalt des gesellschaftlichen Zusammenlebens der Bürger in einem Staat bezieht. Es geht um die Religionsfreiheit als freie Ausübung der Religion.

Es wird nicht gefragt, ob jemand gezwungen werden darf, gegen sein Gewissen einen bestimmten Glauben anzunehmen und entsprechend diesem Glauben zu handeln. Diesbezüglich ist die Haltung eindeutig und verwirft jeden entsprechenden Zwang. Hier wird danach gefragt, ob jemand daran gehindert werden darf, seiner religiösen Überzeugung, auch wenn sie für Christen als Irrtum gilt, zu folgen, und zwar privat und öffentlich. Damit ist die Frage nach der dem Staat zugedachten Rolle bei der Behandlung der Nicht- und Andersgläubigen verbunden.

Jesus Christus unterscheidet zwischen dem weltlichen und dem geistlichen Reich (wohlgemerkt: er unterscheidet sie, nicht: er trennt sie ganz und entfremdet sie einander). Die Zuständigkeiten der beiden Bereiche sind verschieden. Der Staat darf seine Zwangsgewalt nicht über die Grenzen der weltlichen Angelegenheiten hinaus auch auf den geistlichen Bereich der Glaubensgemeinschaft ausdehnen. Die Förderung des christlichen Lebens, die Unterstützung der Bemühungen um die Verbreitung des christlichen Glaubens und der christlichen Normen dürfen nicht durch das Einschalten des Staates und durch Anwendung seiner weltlichen Strafen erfolgen. Denn die Autorität des Staates darf nicht den Bereich der sozialen Ordnung für alle Bürger überschreiten. So ist der Staat von seiner Rolle her z. B. nicht dazu berechtigt, eine bestimmte theologische Lehre verbindlich zu machen, einen bestimmten Kult zur Pflicht zu erheben. Die vom Staat erlassene Ordnung der Gemeinschaft muß die Bürger in die Lage versetzen, ihre Rolle zugunsten des allgemeinen Wohles zu übernehmen und zu erfüllen, sie darf nicht einseitig beanspruchen, auch den religiösen Bereich zu reglementieren. Auch darf der Staat nicht für eine solche Reglementierung beansprucht und seine Strafgerichte dafür angerufen werden.

Die Kirche hat ihre Rolle in Gemeinde und Gesellschaft zu erfüllen, ohne sich an den Staat zu binden und ohne die Instrumente der weltlichen Gewalt zu Hilfe zu nehmen.

Wie sieht es aber aus, wenn Menschen, auch Gläubige, durch ihre Lehre und ihr Verhalten Anstoß erregen und somit die Einheit der Gemeinschaft gefährden? Hier muß man auf die jeweiligen geschichtlichen Umstände achten und verschiedene Epochen unterscheiden.

In der Zeit, in der die Kirche nur eine Minderheit bildete, wendete man die Mittel der brüderlichen Ermahnung an. In schwierigen Fällen wurde sogar der Ausschluß aus der Gemeinschaft (die Exkommunikation) verhängt, entsprechend dem Wort der Offenbarung des Johannes: „Draußen aber sind die Hunde und die Zauberer, die Unzüchtigen und die Mörder, die Götzendiener und ein jeder, der die Lüge liebt und sie begeht" (22, 15). Es bleibt also in all diesen Fällen bei den geistlichen Sanktionen.

Unter den christlichen Kaisern und Machthabern der patristischen Zeit ging man bei der Festlegung des Verhaltens gegenüber den Ungläubigen und den Häretikern von zwei Möglichkeiten aus:

Wenn die politische Macht die Häresie oder den Unglauben unterstützt oder gar Maßnahmen gegen die Kirche trifft, dann wird die Trennung zwischen Staat und Kirche hervorgehoben, und es werden die Übergriffe der politischen Autorität auf den geistlichen Bereich zurückgewiesen.

Wenn aber der Kaiser in Übereinstimmung mit der Kirche und zugunsten der Gläubigen handelt, dann erhebt die Kirche, so war es im 4. und 5. Jahrhundert, keine dezidierten Einwände gegen die Unterstützung, die ihr die politische Macht des Staates angedeihen läßt.

In beiden Fällen bleibt für die Kirchenväter der Grundsatz der Gewissensfreiheit bestehen. Sie lehnen Zwangsbekehrungen ab, denn der einzelne muß durch innere Überzeugung den Weg zum rechten Glauben finden. Nur für den Fall, daß der Unglaube oder die Häresie mit allen verfügbaren Mitteln verbreitet wird, hatten die Kirchenväter gegen das Eingreifen des Staates nichts einzuwenden; manchmal haben sie ein solches Eingreifen sogar gefordert. Der Grund dafür: Die Verbreitung des Irrtums verursachte oft Unruhen und gefährdete die Einheit des Volkes und damit die Autorität des Staates. So kann man in der patristischen Literatur Argumente für beide Haltungen finden: Verurteilung des Eingreifens des Staates zugunsten von Zwangsbekehrungen und der Verhängung der Todesstrafe gegen die Häretiker – auf der anderen Seite Bejahung der Unterstützung des rechten Glaubens durch den Staat, bis hin zur Verhängung der Todesstrafe gegen die Häretiker und Gotteslästerer.

„Die Texte von Firmicus Maternus, von Optatus und

selbst die des hl. Augustin werden dazu anregen, daß man die Strafgesetze des Alten Testaments gegen Lästerer und Götzendiener noch wörtlich anwenden kann ... Man wird sich von (Augustinus) beeinflussen lassen, um das Evangelium selbst zugunsten der Gewaltanwendung heranzuziehen; denken wir an seine Auslegung des ‚compelle intrare' (nötige sie, hereinzukommen: Lk 14,23, im Gleichnis vom Gastmahl), an seine einschränkende Interpretation des Gleichnisses vom Unkraut (man kann den notorischen Häretiker züchtigen, weil man ihn leicht vom guten Weizen unterscheidet)."[3]

Im Mittelalter, in der Zeit der harmonischen Einheit von Kirche und Staat, überließ man beiden Mächten die Verhängung verschiedener Sanktionen gegen die Häretiker, die diese Einheit störten und gefährdeten. Auch gegen manche protestierenden Stimmen wurde diese Vermengung der beiden Autoritäten für gut gehalten, und auch die Todesstrafe wurde bejaht.

Die theoretische Begründung dieser Haltung enthält folgende Überlegungen: Die Sanktionen des Alten Testaments gegen Lästerer und Götzendiener behalten ihre Gültigkeit. Auch Thomas von Aquin stellt fest: „Die weltliche Obrigkeit hat das Recht, die Häretiker hinzurichten, selbst wenn sie nicht die anderen gefährden, denn sie sind Lästerer gegen Gott, weil sie einem falschen Glauben folgen."[4]

Ein anderer Grund für die Berechtigung solcher Sanktionen ist die Tatsache, daß die Häresie und der Unglaube in der einheitlichen Gesellschaft, wie zu früheren Zeiten, weiterhin wie eine Majestätsbeleidigung des Kaisers empfunden und beurteilt wurden. So hebt Thomas von Aquin hervor: „Die Häretiker können härter bestraft werden als die Majestätsverbrecher oder die Falschmünzer; es ist also gerecht, die Todesstrafe auf sie anzuwenden."[5]

Letzten Endes entspringt diese Regelung dem Selbstverständnis der mittelalterlichen „Christenheit". Die Christenheit des Mittelalters ist ein politisch-religiöses Gebilde und stellt eine politisch-religiöse Einheit dar. Wer diese Einheit antastet oder gar gefährdet, ist gleichzeitig ein Feind der

Glaubensgemeinschaft und des Staates. Auch wenn man gegenüber den Heiden und Ungläubigen, die außerhalb des Gebietes der Christenheit waren, ziemlich tolerant war, war man um so härter in der Behandlung der Häretiker im Inneren. Thomas von Aquin begründet diese doppelte Haltung: „Die Annahme des Glaubens ist Sache des (freien) Willens, man hat aber die Pflicht, den einmal angenommenen Glauben zu halten" (accipere fidem est voluntatis, sed tenere jam acceptatam est necessitatis).[6] Denn die Untreue gegenüber diesem Glauben war eine Infragestellung und eine Gefährdung der ganzen religiösen und politischen Gesellschaftsordnung.

Interessant in diesem Zusammenhang sind die Antworten des hl. Thomas von Aquin auf die schon von ihm selbst vorgesehenen Einwände. Auch wenn das Evangelium empfiehlt, Weizen und Unkraut zusammen wachsen zu lassen bis zum Endgericht, so geschieht das nur, insofern man das Unkraut vom Weizen nicht unterscheidet. Wo keine Täuschungsgefahr mehr besteht, entfällt die vom Evangelium angeordnete Vorsichtsmaßnahme.[7] Hier wird die Stellungnahme des hl. Augustinus wieder aufgenommen.

„Der Haupteinwand kommt von den Forderungen der christlichen Nächstenliebe. Besonders tragisch ist es um die Rückfälligen bestellt: selbst wenn sie mit der Kirche versöhnt sind, müssen sie getötet werden. Wie soll man diese Praxis mit der vom Evangelium gepredigten Pflicht zur Vergebung vereinbaren? Der hl. Thomas von Aquin unterscheidet in seiner Antwort das geistliche und das weltliche Gut des Nächsten. Die Nächstenliebe bezieht sich vor allem auf das geistliche Gut, d. h. auf das Seelenheil. Deshalb wird die Kirche stets den reuigen Rückfälligen versöhnend wieder aufnehmen und ihn durch die Buße den Weg des Heiles beschreiten lassen. Das weltliche Gut dagegen und in erster Linie das leibliche Leben – kann nur in Abhängigkeit vom Heil gewährt werden, und damit ist zweifellos das Heil des Schuldigen gemeint, aber auch das Heil der anderen. Es kann also verweigert werden, wenn das Heil der anderen Gläubigen es gebieterisch verlangt (II–II q. 11, a. 4). Denn 'die Häresie ist ein ansteckendes Übel' (IV Sent., d. 13, q. 2, a. 3)."[8]

Auch heute, wo die politische Einheit von Kirche und Staat nicht mehr besteht, halten manche an Grundsätzen fest, die das Recht auf Religionsfreiheit verneinen oder wenigstens schmälern. Ihre Argumente haben einen stark theoretischen und abstrakten Charakter. Der Irrtum habe keine Rechte und der Mensch könne kein Recht darauf haben, sich gegen die Wahrheit zu stellen und so gegen den Willen Gottes zu handeln. Infolgedessen dürfe an und für sich der Staat dem Unglauben oder dem unwahren Glauben keine öffentliche Wirksamkeit einräumen (in der Gesellschaft, in der Schule, in den Massenmedien usw.), es sei denn, der gesellschaftliche Friede würde sonst ernsthaft gefährdet. In diesem Fall müsse die Unwahrheit als ein toleriertes Übel hingenommen werden.[9]

Das Zweite Vatikanische Konzil hat diese abstrakte Argumentation nicht übernommen. In seiner „Erklärung über die Religionsfreiheit" sanktioniert das Konzil „das Recht der Person und der Gemeinschaften auf gesellschaftliche und bürgerliche Freiheit in religiösen Dingen" (Titel). Es wird nicht vom abstrakten Recht und von der abstrakten Wahrheit her argumentiert, sondern von der menschlichen Person, die nach der Wahrheit sucht und ihren schuldlosen Irrtum nicht zu verantworten hat. Die menschliche Person in ihrer ureigenen Würde hat das Recht auf Religionsfreiheit, d.h. der Mensch hat das Recht darauf, seine innere, auch im Irrtum befindliche Überzeugung auch öffentlich zu vertreten und danach zu handeln. Es geht also nicht um eine positive Ermächtigung zum Irrtum, sondern um den Anspruch auf die freie Handlung nach dem eigenen Gewissen innerhalb einer bestimmten Glaubensgemeinschaft. Es geht also vor allem um die Verneinung des Rechtes anderer, einem Menschen eine praktische Haltung aus religiösen Gründen zu diktieren und aufzuzwingen. Diese anderen sind die Einzelpersonen, die Glaubensgemeinschaften und auch der Staat selbst. Der Moraltheologe Bruno Schüller weist in diesem Zusammenhang einen Einwand zurück. Er schreibt: „Man sagt, der Staat sei aber jedenfalls auch auf die Wahrheit verpflichtet. Wenn er aber alle Religionen und Religionsgemeinschaften anerkenne, dann stelle er Wahrheit und Irrtum auf dieselbe Stufe. Dieser Einwand geht von der falschen Voraussetzung aus, daß der Staat bei der Anerkennung einer Religionsgemeinschaft zur Wahrheitsfrage Stellung nehme. Das tut er nicht, weil er es nicht tun kann. Der Staat anerkennt vielmehr nur, daß er das Recht auf Religionsfreiheit weder zu geben noch zu nehmen, sondern zu respektieren und zu schützen hat, daß nicht er dafür verantwortlich ist, welchen Gebrauch die Menschen von diesem Recht machen, daß jedermann vor Gott, jedenfalls nicht vor dem Staat, dafür verantwortlich ist, welche Religion er zur seinigen macht."[10]

Schüller schließt seine Ausführungen mit folgenden zutreffenden Bemerkungen: „Es kann unmöglich die Pflicht der Kirche sein, die Gläubigen vor allen Gefährdungen des Glaubens zu bewahren; weil es nicht ihre Pflicht sein kann, den Gläubigen die Möglichkeit zu nehmen, in ihrem Glauben reif, erwachsen und fest zu werden ... Nur indem der Glaube der Christen Bewährungsproben ausgesetzt wird, kann er auf die Dauer am Leben bewahrt werden. Das allgemeine Recht auf Religionsfreiheit ist auch in dieser Hinsicht Gewinn und nicht Schaden für die Wahrheit des christlichen Glaubens."[11]

Die Antwort auf die eingangs gestellte Frage lautet in bezug auf die katholische Kirche: Das Konzil hat einen Schlußstrich unter die Diskussion gezogen und jenseits der mittelalterlichen Ordnung der Christenheit wieder die Grundsätze des Evangeliums bestätigt. Religionskriege lassen sich somit nicht aus den Grundsätzen oder aus der praktischen Grundhaltung des Christentums erklären.

2 Der Islam und die Nicht-Muslime

Wer die Frage nach den Bestimmungen des islamischen Gesetzes zur Religionsfreiheit und zu den Rechten der Nicht-Muslime stellt, erhält von vielen sofort den Hinweis auf den „Heiligen Krieg", auf den Gebrauch des Schwertes und des bewaffneten Kampfes zur Verbreitung des Islams. Der Koran läßt aber eine flexiblere Haltung erkennen.

Verschiedene Haltungen des Korans

In den Anfängen und in der Zeit, in der er sich noch keine unmittelbaren politischen und sozialen Ziele gesetzt hatte, d. h. hauptsächlich in Mekka und auch bei manchen Auseinandersetzungen in Medina, neigte Muḥammad dazu, sich mit der Erfüllung seines Auftrags als Verkünder und Warner zu begnügen, die Zukunft der Ungläubigen und die Bestrafung des Unglaubens Gott selbst zu überlassen.

Auch in den Beziehungen zu seinen polytheistischen Landsleuten ist Muḥammad in dieser Phase darauf bedacht, keinen heftigen Streit zu entfachen und keine Aggressivität aufkommen zu lassen. Er mahnt sie, den Glauben an den Islam anzunehmen, und dies zu ihrem eigenen Vorteil (10, 108). Da aber die Polytheisten auf ihn nicht hören wollen, scheidet er schließlich sich und seine Gemeinde von der Gemeinschaft der Polytheisten. Der Koran spricht ihn von der Verantwortung für diese und für ihr Schicksal los (6, 106–107).

Auch gegenüber Juden und Christen, die er Besitzer oder Leute der Schrift nennt, bleibt er zurückhaltend und friedlich. Muḥammad mag nicht mit ihnen über religiöse Fragen lange Streitgespräche führen. Der Koran äußert sich dazu:

2, 139: Sprich: Was streitet ihr mit uns über Gott, wo Er unser Herr und euer Herr ist? Wir haben unsere Werke, und ihr habt eure Werke (zu verantworten) …

In diesen Zusammenhang gehört auch die Bejahung des religiösen Pluralismus durch den Koran, vor allem was die verschiedenen Gestalten der biblischen Tradition anbelangt: Judentum, Christentum und Islam (vgl. 2,62; 5,69; 5,44–68).

Die verschiedenen Gemeinschaften sollen nicht miteinander über die Einzelbestimmungen ihres jeweiligen Gesetzes (vgl. 22,67) streiten, sondern folgende Empfehlung beherzigen:

2,148: Jeder hat eine Richtung, zu der er sich wendet. So eilt zu den guten Dingen um die Wette ... (vgl. 5,48).

Die Rolle der islamischen Gemeinschaft ist die des Zeugnisses für den Glauben und des Aufrufs zur Annahme des Islams. Sonst bleibt die letzte Entscheidung bei Gott (3,20). Daher gilt der allgemeine Grundsatz (wie ihn die islamische Tradition verstanden hat):

2,256: Es gibt keinen Zwang in der Religion.

Ein zweiter Haltungstyp kommt darin zum Ausdruck, daß Muḥammad aktiv versucht, den Menschen den Glaubensgehorsam beizubringen. Die Auseinandersetzung mit den Nicht-Muslimen ist da weniger ein aggressiver Streit als ein dezidierter Aufruf zum Glauben.

Wenn aber dieser Aufruf auf taube Ohren trifft und einen aktiven Widerstand, Feindseligkeit, ja sogar aggressive Gewalttätigkeiten hervorruft, dann werden die Muslime aufgefordert, sich für Gott und die Gemeinschaft der Gläubigen einzusetzen (zur Ablehnung und Aggressivität der Ungläubigen vgl. 22,72; 13,25; 2,27; 7,56). Nun brauchen die Muslime sich nicht weiterhin auf die jenseitige Strafe der Ungläubigen zu vertrösten. Sie können und dürfen die ihnen angetane Gewalttätigkeit wieder vergelten. Denn, so sagt der Koran, Gott hat seinen Gesandten Gewalt über die Menschen gegeben (vgl. 59,6; 58,21). Er will dem Islam zum Sieg über alle Religionen verhelfen (61,9; 9,33). So wird es die Aufgabe Muḥammads und seiner Gemeinde sein, die Rechte Gottes bei den Menschen zur Geltung zu bringen, den Sieg des Islams zu sichern. Deshalb werden auch die Muslime angehalten, sich für die Sache Gottes und des Islams einzusetzen: das ist der djihād, die Bemühung auf dem Weg Gottes, wie sich der Koran ausdrückt, d. h. die Bemühung um die Sache Gottes (vgl. u.a. 22,78), auch durch Krieg, wenn es erforderlich ist (vgl. 48,29; 61,4; 66,9).

Diese letzte Haltung und die sich daraus ergebenden Anweisungen des Korans bilden die Grundlage der endgültigen Bestimmungen des islamischen Gesetzes in bezug auf die Religionsfreiheit und das Verhältnis der islamischen Gemeinschaft zu den Nicht-Muslimen. Sie bilden auch über die Zeit Muḥammads und der islamischen Frühgemeinde in Medina hinaus das Fundament der klassischen Gesetzestheorie im Mittelalter und grundsätzlich auch bis heute.

Diese Bestimmungen sind von zwei Hauptanliegen inspiriert: Wahrung und Verbreitung des Glaubens sowie Wahrung und Festigung der Einheit der Gemeinschaft, die ja nicht nur eine Glaubensgemeinschaft, sondern auch eine Umma, eine politische Gemeinschaft, ist. Muḥammad war bemüht, die Einheit der Gemeinde zu festigen und vor Angriffen und Spaltungsversuchen zu schützen. Er fühlt sich auch dazu berufen, diese religiöse und politische Einheit so zu stärken und auszubauen, daß die Grenzen der so vereinten Gemeinschaft der Gläubigen sich bis hin zu den Grenzen der Welt ausdehnen können. So muß der Einfluß der Heuchler und Zauderer von innen und der Einfluß der Nicht-Muslime von außen zurückgewiesen werden. Ziel dieser Haltung und der entsprechenden Bemühungen ist es, daß die Religion Gottes alle Völker und alle Menschen erreicht, damit sie alle die Rechte Gottes beachten und ihr Leben nach dem Modell, besser: innerhalb der glaubenstreuen Gemeinschaft gestalten, der Gott seine Gesetze und Bestimmungen gegeben hat, und zwar im Gesetz des Islams, der Sharīʿa.

Die Toleranz im Islam [12]

Die Toleranz ist die Forderung, mit der der Islam immer wieder von seiten der Nicht-Muslime konfrontiert wird. Im folgenden sollen die wichtigsten theoretischen Grundsätze zu diesem Fragenkomplex kurz zusammengefaßt werden, dann soll eine knappe Feststellung über die praktische Situation getroffen werden.

Die Pluralität der Gemeinschaften in der menschlichen Gesellschaft wird vom Koran als eine von Gott zugelassene Tatsache angesehen, die den Glauben und die Treue der Muslime auf die Probe stellen soll. Das entbindet jedoch die Muslime nicht von der Pflicht, sich für die Sache Gottes, für die Ausbreitung des Islams und die Herstellung der Vorherrschaft des islamischen Gesetzes einzusetzen. Diese „Bemühung auf dem Weg Gottes", djihād genannt, bedeutet zunächst einmal die Pflicht, den Glauben und das Gebiet des Islams gegen die Angriffe der Feinde und die Übergriffe aller Widersacher zu verteidigen. Auch aktiv muß sich die islamische Gemeinschaft um die Ausbreitung des Islams bemühen, notfalls mit den Waffen.

Im folgenden sollen die Grundzüge des klassischen Systems in bezug auf den sogenannten „Heiligen Krieg" kurz dargestellt werden.

Zur Wahrung der Rechte Gottes und der Interessen der islamischen Gemeinschaft im Heiligen Krieg stehen die gläubigen Muslime „mit ihrem Vermögen und mit eigener Person" (61,11; 9,41) in der Pflicht. Der Heilige Krieg ist jedoch im Normalfall die Pflicht der Gemeinschaft als solcher, nicht der einzelnen Gläubigen, es sei denn, der islamische Staat wird plötzlich und unerwartet angegriffen, so daß jeder Muslim dann aufgerufen wird, den Glauben, die Rechte Gottes und die islamische Gemeinschaft zu verteidigen. Der Pflicht zum Heiligen Krieg wird Genüge getan, wenn an einem Ort, irgendwo in der Welt, der Einsatz für die Sache des Glaubens und für die Ausbreitung des islamischen Machtbereichs erfolgt. Die übrigen Gemeinschaften und Staaten des Islams werden dadurch von der Pflicht zu ähnlichem Einsatz befreit. So braucht die islamische Gemeinschaft nicht dafür zu sorgen, daß eine Art ständige Generalmobilmachung verfügt wird und alle erwachsenen Männer zu aktiven Kämpfern des Heiligen Krieges werden. Dies erscheint sowieso weder möglich noch ratsam zu sein.

Solange im übrigen der kriegerische Einsatz nur als Pflicht der Gemeinschaft und nicht der einzelnen Gläubigen betrachtet wird, bleiben die Kriegserklärung und die Kriegführung in der Zuständigkeit der islamischen Obrigkeit und unter der Kontrolle der Regierung, was sich gegen die Willkür und den Fanatismus einzelner Personen oder Gruppen positiv auswirken kann.

Der Heilige Krieg ist Pflicht der Gemeinschaft, aber eine ständige Pflicht. Die islamische Gemeinschaft muß sich ständig für die Sache des Islams gegen die Nicht-Muslime einsetzen, um den universalen Anspruch des Islams als Religion und als sozialpolitischer Machtträger durchzusetzen. Der Heilige Krieg ist also ein ständiger Einsatz, er hört erst auf, wenn alle Menschen den Glauben an Gott angenommen oder gar sich zum Islam bekannt haben. Das Endziel ist erst erreicht, wenn der Unglaube endgültig ausgerottet worden ist, wenn die Nicht-Muslime entweder den Islam angenommen haben und nur noch ein islamisch regiertes Gebiet besteht, oder wenn sie sich dem Islam unterworfen und den Status tolerierter Gemeinschaften (dhimmī) erhalten, d. h. sich dem Schutz des Islams unterstellt haben und dafür Tribut zahlen. Damit ist gesagt, daß der Heilige Krieg ein Dauerzustand ist und entweder durch militärische Aktionen, durch politische Vorstöße oder auf sonstige Weise erfolgt. Auch wenn sich der Islam nicht ständig im aktiven Kampf gegen die Nicht-Muslime befindet, so bereitet er sich doch wenigstens auf die nächste Auseinandersetzung, auf den nächsten Kampf gegen die Nicht-Muslime vor, um Angriffe zurückzuschlagen oder auch um selbst die Initiative des offensiven Kampfes zu übernehmen.

Diese Theorie des Heiligen Krieges im klassischen Islam behielt ihre Gültigkeit, solange die islamische Gemeinschaft in ihrem Einsatz Siege erzielte. Es gab jedoch in der Geschichte des Islams Zeiten und Umstände, die eine Uminterpretation des Gesetzes bezüglich des bewaffneten Einsatzes unumgänglich machten. Wenn der Feind übermächtig war, schien eine Unterbrechung des Krieges sinnvoll und auch gerechtfertigt. So verfestigte sich mit der Zeit die Überzeugung, daß auch der Friede notwendig ist und manche Vorteile mit sich bringt. Der normale Zustand der Beziehung der verschiedenen Staaten zueinander wurde eher der Friede als die bewaffnete Auseinandersetzung und die aktive Kriegführung. Der offensive Einsatz für den Islam wurde dann durch eine zwar theoretisch weiterhin bestehende, aber im praktischen Alltag ruhende Pflicht ersetzt.

Unter dem Einfluß der Theologen und der geistlichen Lehrer wurden auch von den Rechtsgelehrten andere Formen des Einsatzes für Gott und den Islam anerkannt. Der Heilige Krieg wurde sogar zum „kleinen Einsatz" erklärt. Der „große Einsatz" ist geistlicher Natur und besteht im Einsatz des Herzens, in der täglichen Bemühung um einen aufrichtigeren Glauben und einen wirksameren Gehorsam gegenüber Gott und seinem Gesetz. Auch der Einsatz mit der Zunge und der Einsatz mit der Hand werden hervorgehoben, d. h. die Bemühung um die Unterstützung des Guten und die Unterbindung des Bösen. Spezieller Dienst und Wohltätigkeit in der islamischen Gemeinschaft und Missionstätigkeit in nichtislamischen Ländern seien heute, so meinen moderne Autoren, die geeigneteren Formen des vom Koran geforderten Einsatzes für die Sache des Islams.

3 Einige Anmerkungen

Die Polemik des Korans gegen die Ungläubigen und gegen die Andersgläubigen, Juden und Christen, kreist vor allem um die Frage der Anerkennung der prophetischen Sendung Muḥammads und der Echtheit der koranischen Offenbarung. Die sozialen und politisch relevanten Bestimmungen des Korans beziehen sich auf die damaligen Umstände des Lebens der islamischen Gemeinschaft, die sich in einem Überlebenskampf gegen ihre Feinde befand und diesen Kampf bestehen mußte.

Der Status von „Schutzbefohlenen", in den der Koran die Christen versetzt, bedeutet jedoch keine endgültige Aufhebung des Evangeliums. Im Gegenteil, dieser Status bedeutet, daß die Christen verpflichtet werden, ihre eigenen Gesetze zu befolgen. Der Koran spricht sich deutlich und entschieden für dieses Nebeneinander verschiedener religiöser Gesetze aus: der Tora, des Evangeliums und des Korans (Juden: 5,43.45; Christen: 5,46.47; Muslime: 5,48). Den Sinn dieses Pluralismus sieht der Koran in einer göttlichen Bestimmung, die er in folgenden Worten beschreibt:

5,48: Für jeden von euch haben Wir eine Richtung und einen Weg festgelegt. Und wenn Gott gewollt hätte, hätte Er euch zu einer einzigen Gemeinschaft gemacht. Doch will Er euch prüfen in dem, was Er euch hat zukommen lassen. So eilt zu den guten Dingen um die Wette.

Daß die Christen im Laufe der Zeit bis in unsere Tage hinein unter einer manchmal brutalen Unterwerfung, ja Unterdrückung zu leiden hatten, ja weiterhin zu leiden haben, hängt mit dem Geist der jeweiligen Zeit und mit der mangelnden Aufgeschlossenheit einer Gesellschaft zusammen. Daß sie in die mehrheitlich islamische Gesellschaft nicht voll integriert wurden bzw. werden, beruht auf einer Verallgemeinerung der zeitbedingten Vorschriften des Korans. Ob nun diese Vorschriften für alle Zeiten Geltung haben müssen, bleibt zu fragen. Ghazzālī (1059–1111) und sogar Ibn Taymiyya (13./14. Jahrhundert) unterscheiden in den koranischen Aussagen die Glaubenssätze, die moralischen Anweisungen und endlich die Vorschriften, welche die gesellschaftlichen Beziehungen der Menschen zueinander regeln. Diese letzte Gruppe von Vorschriften sei zeit- und ortsgebunden, und die konkreten Maßnahmen könnten in ihrer praktischen Form nicht ohne weiteres auf andere Situationen und Gegebenheiten übertragen werden. Gehören die Verordnungen, die den Status der Christen im islamischen Staat betreffen, nicht zu dieser letzten Kategorie von koranischen Aussagen, und dürfen sie nicht eine Anpassung an die heutige Situation des Zusammenlebens der Menschen erfahren? Denn das Ziel eines modernen Staates, wie er den Menschen heute vorschwebt, bleibt eine integrierte Gesellschaft, in der die Bürger eines Landes alle grundsätzlich die gleichen Rechte und die gleichen Pflichten haben, vor dem Gesetz gleichgestellt sind und miteinander zusammenarbeiten, nicht in konfliktschwerer Konfrontation, sondern in fruchtbarer, dynamischer Begegnung.

Anmerkungen

1 Siehe zu diesem Fragenkomplex: J. Lecler, Die Geschichte der Religionsfreiheit im Zeitalter der Reformation, 2 Bde., Stuttgart 1965; J. Leclercq, Kirche und Freiheit. Essen 1964 (beide Werke aus dem Französischen übersetzt).

2 Summa Theologiae II–II q. 10, a. 8 c.

3 J. Lecler, Die Geschichte der Religionsfreiheit I, Stuttgart 1965, S. 130. Ich folge ihm in den folgenden Ausführungen.

4 In IV Sent., d. 13, q. 2, a. 3, solutio.

5 Ebd.

6 Summa Theologiae II–II q. 10, a. 8 ad 3.

7 Vgl. II–II q. 10, a. 8 ad 1; q. 11, a. 3 ad 3.

8 J. Lecler, a. a. O., S. 159.

9 Vgl. zu diesem Fragenkomplex B. Schüller, Religionsfreiheit und Toleranz. In: Theologische Akademie I. Frankfurt 1965, S. 102.

10 Ebd., S. 112.

11 Ebd., S. 115.

12 Zur Religionsfreiheit im Islam siehe oben S. 84–89.

Recht auf Leben – Recht auf Töten

Der Islam ist keine monolithische Größe, sondern eine Weltreligion, deren konkrete Gestalt in Lehre, Praxis und Sitten so mannigfaltig ist wie die verschiedenen Kulturkreise, in denen sie gelebt wird. Auch innerhalb der einzelnen Traditionen gibt es verschiedene Richtungen (Traditionalisten, Fundamentalisten, Reformisten, Säkularisten), die miteinander um die richtige Umsetzung der Normen des Islams in den Alltag der Muslime streiten. Es ist hoffnungslos, hier alle Ausdrucksformen dessen, was der Islam ist bzw. sein soll, ansprechen zu wollen. Wir werden, ausgehend vom Koran und von den anerkannten Quellen der islamischen Religion, versuchen, die allgemein gültigen Grundlagen einer islamischen Antwort auf die gestellte Frage nach dem Recht auf Leben und dem Recht auf Töten darzustellen.

1 Recht auf Leben

Nach der islamischen Lehre hat das Leben des Menschen seinen Ursprung im Willen und im Wirken Gottes. Daher ist es grundsätzlich der Verfügungsgewalt der Menschen – auch der Eltern – entzogen. Der Koran betont an mehreren Stellen, daß das Leben und das Sterben des Menschen von Gott abhängt: „Wir sind es, die lebendig machen und sterben lassen, und Wir sind es, die (alles) erben" (15,23). Er warnt die Gläubigen zu meinen, daß ihre Vorsichtsmaßnahmen sie dem Tod entrinnen lassen könnten, und daraus einen Vorwurf an die Adresse des Propheten abzuleiten: „O ihr, die ihr glaubt, seid nicht wie diejenigen, die nicht glauben und die von ihren Brüdern, wenn diese auf der Erde umherzogen oder sich auf einem Feldzug befanden, sagen: ‚Wären sie bei uns gewesen, wären sie nicht gestorben und nicht getötet worden.' ... Gott macht lebendig und läßt sterben ..." (3, 156).

Die richtige Haltung der Gläubigen vor dieser Sachlage besteht darin, sich in den Willen Gottes hinzugeben und das Los, dem die Menschen nicht entkommen können, in Geduld und Zuversicht aus der Hand Gottes anzunehmen: „Und Wir werden euch sicher Prüfungen aussetzen mit ein wenig Furcht und Hunger und mit Verlust an Vermögen, Seelen und Früchten. Und verkünde den Geduldigen frohe Botschaft, die, wenn ein Unglück sie trifft, sagen: ‚Wir gehören Gott, und wir kehren zu Ihm zurück'" (2, 155–156).

Darüber hinaus haben die Menschen sich am Plan Gottes in seiner Schöpfung zu beteiligen, und zwar nach der Maßgabe dieses göttlichen Plans, und ihre Aufgabe bei der Erhaltung und Förderung des Lebens zu erfüllen.

Das Wirken Gottes für das Leben

Schöpfung und Förderung des Lebens

Gott ist der Schöpfer des Lebens, er ist Ursprung und Herr des Menschen. Der Mensch ist das Geschöpf, das Gott vor allen anderen ausgezeichnet und bevorzugt hat: „Und Wir haben den Kindern Adams Ehre erwiesen; Wir haben sie auf dem Festland und auf dem Meer getragen und ihnen (einiges) von den köstlichen Dingen beschert. Und Wir haben Sie vor vielen von denen, die Wir erschaffen haben, eindeutig bevorzugt" (17, 70).

Die Absicht Gottes bei der Erschaffung des Menschen macht Gott selbst im Koran durch eine weitreichende Mitteilung deutlich: „Ich werde auf der Erde einen Nachfolger einsetzen" (2, 30). Zur Frage, wer dieser Nachfolger sei, gibt es mehrere Meinungen und verschiedene Erläuterungen.

Eine erste Meinung bezieht dies auf die Menschen allgemein und beruft sich u. a. auf den Koranvers 6, 165: „Er ist es, der euch zu aufeinanderfolgenden Generationen (wörtlich: zu Nachfolgern) auf der Erde gemacht ..." Ein anderer Vers sagt nach der Erwähnung der Generationen, die vorher untergegangen sind: „Dann haben Wir euch nach ihnen zu Nachfolgern auf der Erde eingesetzt ..." (10,14). Wessen Nachfolger sind also Adam und seine Nachkommen? Muslimische Kommentatoren erwähnen die Existenz einer vorherigen Menschenart bzw. der Djinn, die auf der Erde lebten, Unheil stifteten und Blut vergossen. Daher habe Gott beschlossen, Adam zu ihrem Nachfolger einzusetzen.

Eine andere Meinung besagt, daß Adam und nach ihm die Menschen die Nachfolger Gottes auf Erden sein werden, damit sie die Schöpfung Gottes nach dem Gesetz Gottes verwalten (vgl. in diesem Sinn die Einsetzung Davids zum Nachfolger, damit er „zwischen den Menschen nach der Wahrheit urteile": 38,26). Der Mensch wäre damit der Stellvertreter Gottes auf Erden.

Diese Aufgabe ist mit einer Verheißung verbunden, die Gott Adam und den Menschen allgemein gemacht hat. Nachdem Adam den Befehl Gottes übertreten und das Paradies verloren hatte, hat ihm Gott den Weg zur wiedergewonnenen Freundschaft mit seinem Schöpfer gewiesen: „Da nahm Adam von seinem Herrn Worte (der Umkehr) entgegen, so wandte Er sich ihm gnädig zu. Er ist der, der sich gnädig zuwendet, der Barmherzige" (2,37). Das menschliche Urpaar wird zwar aus dem Paradies fortgeschickt, aber den reuigen Menschen spricht Gott Trost und Zuversicht zu und gibt ihnen seine Verheißung: „Wenn dann von Mir eine Rechtleitung zu euch kommt, dann haben diejenigen, die meiner Rechtleitung folgen, nichts zu befürchten, und sie werden nicht traurig sein" (2,38).

Die Erde Gottes, die er dem Menschen anvertraut hat, ist so eingerichtet, daß sie dem menschlichen Leben dienen kann: Wasser, Pflanzen der Erde (10,24), Getreide (32,27), Gärten mit Palmen und Weinstöcken, sowie viele Früchte (23,20; 43,73). Der Koran unterstreicht dies an zahlreichen Stellen:

▷ „Er ist es, der vom Himmel Wasser hat herabkommen lassen. Davon habt ihr etwas zu trinken, und davon wachsen Sträucher, in denen ihr weiden lassen könnt. Er läßt euch dadurch Getreide sprießen und Ölbäume, Palmen, Weinstöcke und allerlei Früchte ..." (16,10–11; vgl. 16,67: „einen schönen Lebensunterhalt").

- ▷ „Die zwei Meere sind nicht gleich. Das eine ist süß, erfrischend und bekömmlich zu trinken; das andere ist salzig und bitter. Und aus beiden eßt ihr frisches Fleisch und holt Schmuck heraus, den ihr anlegt. Und du siehst die Schiffe es durchspalten, damit ihr nach etwas von seiner Huld strebt und auf daß ihr dankbar werdet" (35,12; vgl. 16,14).
- ▷ „Und ihr habt in den Herdentieren einen Grund zum Nachdenken. Wir geben euch von dem, was in ihrem Leib ist, zu trinken. Ihr habt an ihnen allerlei Nutzen, und ihr könnt davon essen" (23,21; vgl. 16,5; 40,79).

Das sind nur einige Texte aus der großen Zahl ähnlicher Stellen, in denen sich der Koran zu diesem Thema äußert. Die Empfehlung des Korans angesichts dieser Gaben Gottes an die Menschen lautet: „O ihr Menschen, eßt von dem, was es auf der Erde gibt, so es erlaubt und köstlich ist" (2,168).

Essen von den Früchten der Erde und von dem, was sie den Menschen bietet, ist ein Zeichen der guten Abstimmung und Harmonie zwischen den zwei Teilen der Schöpfung Gottes: dem Menschen und der Natur. Denn der Mensch ist laut Aussage des Korans nach den ursprünglichen Plänen Gottes eine gute Schöpfung. Gott hat ihm eine schöne, harmonische Gestalt gegeben (5,4; 40,64; 64,3); Gott ist ja der „beste Schöpfer" (23,14), „der alles, was Er erschaffen hat, gut gemacht hat" (32,7). Er hat den Menschen passend ausgestattet, er gab ihm Gehör, Augenlicht und Herz (vgl. 67,23; 23,78; 32,9; 16,78), Augen, Zunge und Lippen (90,8–9). Er hat die Welt in seinen Dienst gestellt (vgl. 20,53–55; 16,79–83; 27,60–64), ihm „die Erde gefügig" gemacht (67,15), ihn „vor vielen von denen, die Wir erschaffen haben, eindeutig bevorzugt" (17,70), endlich ihn zum Nachfolger bestellt (2,30).

Was nun die Welt betrifft, so ist auch sie die gute Schöpfung Gottes. Er, „der Beste der Schöpfer“ (37,125), hat bei seinem Werk „alles sorgfältig gemacht“ (27,88); er hat „alles, was Er erschaffen hat, gut gemacht“ (32,7). Denn er hat diese Welt nicht wahllos erschaffen, er hat sie für den Menschen bestimmt: Sie dient seinem Leben und enthält die guten Dinge, die Gott ihm beschert hat (40,64; 45,16; 17,70; 8,26).

Eine solche Welt, auf die Bedürfnisse des menschlichen Lebens abgestimmt, in der kein Mangel feststellbar ist (67,3), ist ein Zeichen, das auf den Schöpfer hinweist und auf seinen Willen, eine Harmonie zwischen Mensch und Welt zu errichten.

Im Spannungsfeld von Gut und Böse

Der Sündenfall des Menschen im Paradies (vgl. 2,36) machte bereits in der Urzeit der Menschheitsgeschichte deutlich, daß der Mensch nunmehr im Spannungsfeld von Gut und Böse wird leben müssen. Die Harmonie unter den Menschen sowie zwischen dem Menschen und der Natur ist gestört. Der Koran läßt Gott zum gefallenen Adam sprechen: „Geht hinunter. Die einen von euch sind Feinde der anderen. Ihr habt auf der Erde Aufenthalt und Nutznießung für eine Weile“ (2,36). In sich selbst wird der Mensch von nun an mit seinen Schwächen und ungünstigen Eigenschaften konfrontiert.

Diese ungünstigen Eigenschaften des Menschen, die ihn auf den Wegen seiner Geschichte begleiten, sind vor allem folgende:

▷ Der Mensch ist von Natur aus schwach (4,28; 8,66), ihm fehlt, wie bereits Adam, die feste Entschlossenheit (20,115).
▷ Er ist unbeständig. Sein Vertrauen in Gott wechselt je nachdem, ob es ihm gut oder schlecht geht (30,36; vgl. auch 16,53–54; 39,8.49 usw.).
▷ Er ist kleinmütig, „wenn das Böse ihn trifft, ist er mutlos“ (70,19–20).
▷ Er ist ungeduldig (17,11), er neigt zur Ungerechtigkeit (33,72) und zeigt sich streitsüchtig (16,4; 36,77).

Zusammenfassend unterstreicht der Koran, daß der Mensch zum Bösen hingezogen ist: „Die Seele gebietet ja mit Nachdruck das Böse" (12,53; vgl. 50,16).[1]

Die Schwächen des Menschen lassen befürchten, daß er die Regeln der harmonischen Beziehungen zu seiner Umwelt im Sinne der göttlichen Ordnung nicht einhält. Deswegen wird ihm ein behutsamer Umgang mit der Natur nahegelegt. Auch werden manche Einschränkungen bis hin zum Verzicht als erforderlich hingestellt und den Menschen auferlegt. So verläuft das Leben der Treuen in einem Spannungsfeld zwischen umsichtigem Weltverzicht und maßvollem Weltgenuß.

Der Koran spricht sich gegen einen maßlosen und gedankenlosen Gebrauch der Welt aus. In der mekkanischen Periode (610–622) beschreibt der Koran eindringlich die Schrecken des nahen Gerichts Gottes, das über die Menschen hereinbricht, die ein gottloses Leben führen. Der Zorn Gottes kann nur durch eine reumütige Umkehr abgewendet werden. Der Koran verurteilt die Torheit der Menschen, die „für den Besitz eine allzu große Liebe" hegen (89,20). Er erinnert sie mit Nachdruck daran, daß die kommende Welt besser ist als das Diesseits (vgl. 87,16–17; 28,60). Die natürliche Habsucht des Menschen läßt ihn aber selten die Probe (18,7) bestehen. Der Mensch glaubt, durch seinen Reichtum alles Nötige erlangt zu haben. Diese Selbsttäuschung führt zu einem schlimmen Ende (vgl. 92,8–11; 104,1–4; 96,6–7).

Wer sich also von dieser Welt verblenden und sich dadurch von der Suche nach dem Willen Gottes und dem jenseitigen Lohn ablenken läßt, der hat eine schwere Strafe zu erwarten (vgl. 11,15–16). Diejenigen dagegen, die den Versuchungen dieser Welt widerstehen, werden bei Gott reichen Lohn erhalten (64,15–16). Als Vorbild scheint dem Koran die Haltung der Asketen in den Gotteshäusern (sind es die christlichen Klöster gewesen?) vorzuschweben: „in Häusern, für die Gott erlaubt hat, daß sie errichtet werden und daß darin seines Namens gedacht wird. Ihn preisen darin, am Morgen und am Abend, Männer, die weder Handel noch Kaufgeschäft ablenken vom Gedenken Gottes, von der Verrichtung des Gebets und der Entrichtung der Abgabe, die einen Tag fürchten, an dem Herzen und Augenlicht umgekehrt werden, damit Gott ihnen das Beste vergelte von dem, was sie getan haben, und ihnen von seiner Huld noch mehr gebe ..." (24,36–38; vgl. zu den entsprechenden Eigenschaften frommer muslimischer Männer: 9,112, und Frauen: 66,5).

Nach der Auswanderung von Mekka nach Medina im Jahr 622 mußte Muḥammad die Aufgabe eines politischen Führers übernehmen. Damit war eine intensivere Beschäftigung mit den Dingen dieser Welt verbunden und auch die Bemühung, sie so zu regeln, daß das Leben der Muslime geschützt und gefördert wurde. Darüber hinaus wurden Erfolge und Siege über die Widersacher als Zeichen des Wohlwollens Gottes und als Belohnung für die Gläubigen gedeutet (vgl. 48,28). Muḥammad mußte jedoch fürchten, daß die Muslime sich der Selbstgefälligkeit hingeben könnten. So mahnte sie der Koran zu steter Aufrichtigkeit. Sie dürfen im Streben nach den Gütern des diesseitigen Lebens den Menschen nicht Unrecht tun (4,94). Die Muslime laufen Gefahr, zu sehr nach dem Diesseits zu trachten, während Gott für sie das Jenseits will (vgl. 8,67). Sie sollen bedenken: „Was bei euch ist, geht zu Ende; was bei Gott ist, hat Bestand" (16,96; vgl. 87,16–17). Sie sollen umkehren und sich bußfertig wieder Gott zuwenden (25,71), auch wenn sie die köstlichen Dinge, die ihnen Gott beschert, genießen dürfen (vgl. 5,4.5.87).

So sieht der Koran die Welt und ihre verschiedenen Güter als eine Versuchung an, die den Gläubigen von der Suche nach Gott und seinem Willen abbringen kann, und auch als ein Hindernis, das den Frommen den Weg des Gehorsams und der Treue erschwert. Der Koran betrachtet aber auch die Welt als ein Geschenk der Barmherzigkeit Gottes an die Gemeinschaft der Gläubigen. Diese Gnade wird jedoch nur denen verheißen und erwiesen, die ihre Pflicht erfüllen und im Einsatz für die Sache Gottes und die Interessen des Islams an der Seite des Propheten Muḥammad stehen.

Förderung des Lebens durch Prüfungen und Bewährungsproben

Der Koran betont, daß Gott die Menschen nicht „zum sinnlosen Spiel erschaffen hat" (23,115). Im Gegenteil, er handelt nach folgendem Grundsatz: „Meinen die Menschen, daß sie in Ruhe gelassen werden, nur weil sie sagen: ‚Wir glauben', ohne daß sie der Versuchung ausgesetzt werden? Wir haben schon diejenigen, die vor ihnen lebten, der Versuchung ausgesetzt. Gott wird gewiß in Erfahrung bringen, wer die Wahrheit sagt, und Er wird gewiß in Erfahrung bringen, wer die Lügner sind" (29,2–3).

Beispiele der Prüfungen und der Bewährungsproben gibt der Koran selbst. Die Schöpfung ist eine erste Gelegenheit, die Menschen auf die Probe zu stellen (11,7; 18,7). Das Gute und das Schlechte, das ihnen widerfährt, dient als Prüfung (21,35; vgl. 7,168). Auch die vielen Situationen des Lebens machen es möglich, sich in Bedrängnis und Leid zu bewähren.

So hatte Abraham dem Befehl Gottes zu folgen und seinen Sohn zu opfern (37,105–106); die Kinder Israels wurden mannigfaltigen Prüfungen ausgesetzt (44,33; 14,6; 2,49), desgleichen die Muslime (2,155; 3,186); Gott prüft die einen durch die anderen (47,4); der Schmuck und die Güter der Erde stellen eine Prüfung dar, die zeigen soll, wer von den Menschen am besten handelt (18,7; 6,165); Bewährungsprobe ist die Erfüllung der moralischen Pflichten (16,92) und auch die Aufteilung der Menschen in verschiedene Gemeinschaften (5,48; vgl. 7,168).

In jeder Situation soll der Mensch dies bedenken und sagen: „Dies ist von der Huld meines Herrn, damit Er mich prüft, ob ich dankbar oder undankbar bin" (27,40). Wer die Bewährungsprobe nicht besteht, zum Glauben nicht findet und das Gute nicht tut, „verliert das Diesseits und das Jenseits" (22,11). „Denjenigen, die glauben und die guten Werke tun, wird der Erbarmer Liebe bereiten" (19,96). Ihnen wird die jenseitige Belohnung und die diesseitige Huld Gottes verheißen (vgl. 16,30). Der Koran bestätigt es: „Wer Gutes tut, ob Mann oder Weib, und dabei gläubig ist, den werden Wir bestimmt ein angenehmes Leben leben lassen.

Und Wir werden ihnen mit ihrem Lohn vergelten für das Beste von dem, was sie taten" (16,97; vgl. 16,41; 30,44–45; 10,64; 8,2–4; 3,148).

Wiedererweckung zum Leben

Gott ist für den Koran der Schöpfer, der die Menschen ins Dasein gerufen hat und sie zum Leben wiedererwecken wird. Die Auferstehung der Toten ist – wenigstens für die Geretteten, „die Gefährten des Paradieses" – eine Bestätigung ihres Lebens und die Sicherung ihrer überhöhten Qualität auf ewig von seiten Gottes.

Der Koran verteidigt den Glauben an die Auferstehung der Toten gegen die hartnäckige Ablehnung der Polytheisten (vgl. u.a. 16,38; 64,7), die meinten: „Es gibt nur unser diesseitiges Leben: Wir sterben, und wir leben (hier), und wir werden nicht auferweckt" (23,37; vgl. 45,24). Gott, erwidert der Koran, wird seine Verheißung an die Gläubigen und seine Androhung an die Adresse der Ungläubigen wahrmachen. Seine schöpferische Kraft, die in voller Allmacht die gesamte Welt erschuf, kann die Toten auferwecken (vgl. 17,89–99). „Und dies ist für Ihn noch leichter" (30,27). „Der sie (die Natur) wieder belebt, wird die Toten wieder lebendig machen" (41,39). Eindrucksvoll legt der Koran seine Überzeugung dar: „Sprich: Wieder lebendig macht sie der, der sie das erste Mal hat entstehen lassen. Und Er weiß über alle Geschöpfe Bescheid ... Hat nicht der, der die Himmel und die Erde erschaffen hat, auch Macht, ihresgleichen zu erschaffen? Ja doch. Und Er ist der, der alles erschafft und Bescheid weiß. Sein Befehl, wenn Er etwas will, ist, dazu zu sagen: Sei!, und es ist. Preis sei dem, in dessen Hand die Herrschaft über alle Dinge ist und zu dem ihr zurückgebracht werdet!" (36,79.81–83).

Der Sündenfall der ersten Menschen im Paradies der Urzeit beeinträchtigt die Qualität des Lebens, indem er Spannung brachte in das Verhältnis zwischen Gott und dem Menschen, in die Beziehungen der Menschen zueinander, endlich in den Menschen selbst. Die Belohnung des Glaubens und der Rechtschaffenheit im jenseitigen Paradies wird die verlorengegangene Harmonie wiederherstellen.

Das wichtigste Merkmal der Seligkeit des jenseitigen Paradieses ist das Leben im Frieden Gottes: „Diejenigen, die glauben und die guten Werke tun, leitet ihr Herr wegen ihres Glaubens recht. Unter ihnen werden Bäche fließen in den Gärten der Wonne. Ihr Rufen darin wird sein: ‚Preis sei Dir, unser Gott', und ihre Begrüßung darin: ‚Friede!' Ihr abschließender Ruf: ‚Lob sei Gott, dem Herrn der Welten!'" (10,9–10; vgl. 14,23; 33,44; 56,2–6). „So entlohnt Gott die Gottesfürchtigen, die die Engel abberufen, während sie gute (Menschen) gewesen sind. Sie sagen: ‚Friede sei über euch! Geht ins Paradies ein für das, was ihr zu tun pfleget" (16,31–32; vgl. 25,75; 50,34).

Auch der Ḥadīth, die islamische Überlieferung über die Worte sowie über das verbindliche und das vorbildliche Verhalten Muḥammads, hebt den Frieden Gottes als Erweis seiner Zuwendung und seines Entgegenkommens zu den Geretteten hervor:

> Während die Leute des Paradieses sich in ihrer Wonne befinden, strahlt über ihnen ein Licht. Sie erheben ihre Häupter, und siehe, der Herr erscheint über ihnen von oben. Er sagt: Friede sei über euch, ihr Leute des Paradieses! (Und das ist die Anrede Gottes: „Friede, als Anrede von einem barmherzigen Herrn": Koran 36,58). Er schaut zu ihnen, und sie schauen zu ihm. Und sie kümmern sich um nichts mehr von der Wonne, solange sie zu ihm schauen, bis er ihnen verhüllt wird. Jedoch verweilen sein Licht und sein Segen über ihnen in ihren Behausungen.
>
> (Nach Djābir ibn ʿAbd Allah, in der Ḥadīth-Sammlung von Ibn Mādja)

Eine besonders aufschlußreiche Stelle des Korans zeigt deutlich, daß der Friede Gottes, der den Bewohnern des Paradieses zugesichert wird, eine Versöhnung mit der Natur und eine Harmonie in den Beziehungen der Menschen zueinander mit beinhaltet: „Die Gefährten des Paradieses finden heute Beschäftigung und Wohlbehagen. Sie und ihre Gattinnen befinden sich in Schatten und lehnen sich auf Liegen. Sie haben darin Früchte, und sie haben, was sie sich wünschen. ‚Friede!', als Anrede von einem barmherzigen Herrn" (36,55–58).

Andere Beschreibungen der Wonnen des Paradieses beinhalten Angaben über die Gemeinschaft des paradiesischen Mahles, das geschildert wird als Gabe Gottes und als Bild der Wonne und der Harmonie zwischen Mensch und Welt sowie zwischen den Menschen in der Gemeinschaft der von Gott belohnten rechtschaffenen Gläubigen (vgl. 52,17–19.22–23; 55,46–78; 76,5–22). „Das sind die, die in die Nähe (Gottes) zugelassen werden in den Gärten der Wonne ... Auf durchwobenen Betten lehnen sie sich einander gegenüber. Unter ihnen machen ewig junge Knaben die Runde mit Humpen und Krügen und einem Becher aus einem Quell, von dem sie weder Kopfweh bekommen noch sich berauschen, und mit Früchten von dem, was sie sich auswählen, und Fleisch von Geflügel von dem, was sie begehren ... Sie sind unter Zizyphusbäumen ohne Dornen und übereinandergereihten Bananen und ausgestrecktem Schatten, an Wasser, das sich ergießt mit vielen Früchten, die weder aufhören noch verwehrt sind, und auf erhöhten Unterlagen" (56,11–12.15–21.28–34).

Das Wirken des Menschen

Der Mensch hat die Aufgabe, das Leben, das Gott erschaffen hat, in seinen Fortbestand zu sichern, in seiner Qualität zu fördern und gegen jegliche Bedrohung zu schützen.

Fortpflanzung

Die Fortpflanzung ist Teilhabe am Schöpfungswerk Gottes, denn in der Zeugung und im Empfangen und Gebären des Lebens vollziehen die Menschen auf ihrer Ebene das, was Gott durch sie und in ihnen erschafft. Der Koran macht es an einer Stelle eindrucksvoll deutlich, indem er den Schöpfungsakt mit dem natürlichen Vorgang der menschlichen

Fortpflanzung eng verknüpft: „Und wahrlich, Wir schufen den Menschen aus einem entnommenen Ton. Dann machten Wir ihn zu einem Tropfen in einem festen Aufenthaltsort. Dann schufen Wir den Tropfen zu einem Embryo, und Wir schufen den Embryo zu einem Fötus, und Wir schufen den Fötus zu Knochen, und Wir bekleideten die Knochen mit Fleisch. Dann ließen Wir ihn als eine weitere Schöpfung entstehen. Gott sei gesegnet, der beste Schöpfer!" (23, 12–14).

Weil Gott der unmittelbare Schöpfer eines jeden Menschen ist, steht das menschliche Leben in keiner Phase seines Entstehens und seiner Fortdauer in der Verfügungsgewalt der Menschen. Gott allein ist Herr über das Leben. Daher rührt die Abneigung der islamischen Tradition gegen Eingriffe in den Vorgang der Entstehung menschlichen Lebens. *Geburtenregelung* durch Verhütung wird zwar nicht generell verboten, aber eben nicht gutgeheißen; denn es gilt, mittels der Ehegemeinschaft von Mann und Frau Nachkommen zu erzielen. Die Tradition läßt Muḥammad die Muslime anhalten, sich kräftig zu mehren: „Heiratet und mehrt euch, denn am Jüngsten Tag will ich vor den übrigen Völkern mit euch Staat machen!" Und: „Eine schwarze Frau, die viele Kinder zur Welt bringt, ist besser als eine schöne, die keine bekommt" (zitiert nach Ghazzālī).

Was die *Abtreibung* anbelangt, so stellen die klassischen Rechtsschulen folgendes fest: Vor dem Einhauchen der Seele, d. h. wie damals angenommen wurde, vor dem 4. Monat, ist die Abtreibung erlaubt (so ein Teil der Ḥanafiten und der Shāfi'iten), bzw. verpönt, jedoch aus triftigem Grund erlaubt (so die Ḥanafiten und ein Teil der Shafi'iten), oder ausnahmslos verpönt (so ein Teil der Mālikiten), oder verboten (so die offizielle Meinung der Mālikiten). Einigkeit besteht darin, daß die Abtreibung nach dem Einhauchen der Seele, also ab dem 4. Monat, unzulässig ist. Sie zieht sonst eine Sanktion in Form einer Geldstrafe nach sich. Die Ḥanbaliten halten die Abtreibung nach dem 40. Tag für verboten.

Heute wird die Notwendigkeit, das Leben vom Zeitpunkt der Empfängnis an zu schützen, betont; denn es ist von Anfang an Schöpfung Gottes (vgl. Koran 23, 12–14; 56, 57–59). Und jeder Mensch, auch in diesem Stadium des Wachsens, ist nicht der Verfügungsgewalt der Menschen, nicht einmal der Eltern, unterworfen. Er ist Diener Gottes (19, 93) und Eigentum seines Schöpfers (10, 68). Daher besitzt niemand das Recht, ihn unberechtigterweise zu töten (vgl. 17, 33). Eine Schwangerschaftsunterbrechung ist also nur dann zulässig, wenn es mit Sicherheit feststeht, daß das Leben der Mutter in Gefahr ist, daß keine andere Möglichkeit besteht, das Leben der Mutter zu retten, als durch die Abtreibung und endlich, daß der Eingriff nach ärztlicher Erfahrung auch den gewünschten Erfolg bringt. Der Grund für diese Ausnahme ist, daß man von zwei Übeln das geringere zu wählen hat.

Förderung des Lebens

Die Förderung der Lebensqualität erfolgt durch Erziehung der Kinder und der Jugendlichen, durch die Bemühung um Entfaltungsmöglichkeiten für das Leben der einzelnen, der Familien und der Gemeinschaft, endlich durch Schaffung einer humanen Kultur. All das bildet ein Zeichen der umfassenden Solidarität der Muslime und soll diese Solidarität in die Tat umsetzen.

Ausdruck dieser Solidarität ist die Bemühung um die Schwachen in der Gemeinde. Der Muslim ist gehalten, den anderen, vor allem den Armen, einen Teil seines Vermögens zukommen zu lassen, unter anderem durch die Entrichtung der gesetzlichen Abgabe (vgl. 70, 24–25; 51, 19). Dadurch soll dem Staat ermöglicht werden, seine sozialen Aufgaben zu erfüllen. Aber auch persönlich sollen die Muslime sich der Schwachen, der Bedürftigen und der Waisen annehmen, sie versorgen und ihnen Essen und jegliche Unterstützung gewähren (vgl. 107, 1–2; 89, 17–19 usw.). Darin zeigt sich die wahre Frömmigkeit: „Frömmigkeit besteht nicht darin, daß ihr euer Gesicht nach Osten und Westen wendet. Frömmigkeit besteht darin, daß man an Gott, den Jüngsten Tag, die Engel, das Buch und die Propheten glaubt, daß man, aus Liebe zu Ihm [2], den Verwandten, den Waisen, den Bedürftigen, dem Reisenden und den Bettlern Geld zukommen läßt und es für den Loskauf der Sklaven und Gefangenen ausgibt, und daß man das Gebet verrichtet und die Abgabe entrichtet ..." (2,177).

Der Koran empfiehlt den Muslimen weiter: „Vergeßt die Großmut untereinander nicht" (2,237). Diese Großmut läßt den verletzenden Spott meiden (49,11) und verzeihen, wo man eigentlich sein strenges Recht fordern könnte: „Wenn ihr verzeiht, nachsichtig seid und vergebt, so ist Gott voller Vergebung und barmherzig" (64,14); „Sie sollen verzeihen und nachlassen. Liebt ihr es nicht, daß Gott euch vergibt? Gott ist voller Vergebung und barmherzig" (24,22; dies gilt auch bei der Wiedervergeltung für Mord und Totschlag: 2,178). Die Bereitschaft zur Versöhnung zeigt sich darin, daß der Gläubige das Böse mit Gutem vergilt; dadurch könnte er seinen Feind in einen Freund verwandeln (41,34; 23,96; 13,22).

Schutz des Lebens

Der Schutz des Lebens beinhaltet die Bemühung um Erhaltung des gesunden und Heilung des kranken Lebens. Der Koran berücksichtigt die Tatsache, daß Menschen krank sein können, und führt Erleichterungen zu ihren Gunsten bei der Festlegung der Pflichten der Muslime ein (vgl. 2,184.185.196; 4,43.102; 5,6; 9,91; 24,61; 48,17). Solche Erleichterungen werden durch den Hinweis gerechtfertigt, daß Gott „weiß, daß es unter euch Kranke geben würde" (73,20). Die Krankheit ist eine Mangelerscheinung beim Menschen. Der Besitz der Gesundheit dagegen ist Bestandteil der guten Schöpfung Gottes und wird zu den Dingen gezählt, die Gott den Menschen beschert hat (vgl. 17,70). Aber die Gesundheit ist ein gefährdetes Gut. Der Mensch ist wegen der Schwäche seiner Natur und seiner Todesverfallenheit den Gebrechen ausgesetzt, oder er zieht sich durch seine Sündhaftigkeit die göttliche Strafe zu, auch in Form von Krankheit und allerlei Unheil; endlich kann die Krankheit eine Prüfung Gottes sein.

Damit ist gesagt, daß durch Buße und Umkehr, Treue

und Gehorsam der Mensch sich der Krankheit als Strafe bzw. als Prüfung entledigen kann. Nicht nur seine Geduld ist hier gefordert, sondern auch sein Bemühen, das göttliche Geschenk der Gesundheit wiederzuerlangen und dafür die Mittel der Heilkunde anzuwenden.

Auch noch aus einer anderen Perspektive heraus wird deutlich, daß die Heilkunde zu den Aufgaben des Menschen gehört. Der Mensch wird, wie oben bereits dargelegt, „auf der Erde als Nachfolger eingesetzt" (2,30). Er ist somit Verwalter der Schöpfung Gottes im Sinn der göttlichen Ordnung. Er hat somit unter anderem die Aufgabe, die Gesundheit zu pflegen und zu schützen, die Krankheit zu behandeln und möglichst zu beseitigen, die Heilkunde anzuwenden und weiterzuentwickeln. Die Bekämpfung der Krankheit und die Pflege der Heilkunde gehören zu den Pflichten der Muslime aufgrund der Brüderlichkeit und Zusammengehörigkeit, die die Gläubigen miteinander verbinden (vgl. 9,71; 49,10). Diese Brüderlichkeit drückt sich darin aus, daß man sich bemüht, den Menschen Linderung ihrer Not, Erleichterung ihrer Lage und Besserung ihres Gesundheitszustandes zu bringen. Über die Brüderlichkeit hinaus wirkt sich die Barmherzigkeit aus, welche die Muslime allen Geschöpfen – Menschen und Tieren – erweisen sollen.

Neben diesen auf den Aussagen des Korans gründenden Angaben beinhaltet die islamische Überlieferung deutliche Sprüche Muḥammads in dieser Hinsicht: „Wendet Arzneien an", habe Muḥammad gesagt, „denn Gott hat keine Krankheit gesetzt, ohne für sie eine (entsprechende) Arznei zu setzen" (bei Ibn Ḥanbal, Abū Dāwūd, Tirmidhī, Nasā'ī). Muḥammad hat sich selbst behandelt und hat andere behandelt. Damit hat er deutlich gemacht, daß die Pflege der Gesundheit und die Heilkunde mit der Ethik des Islams vereinbar, ja durch diese Ethik gerade gefordert sind.

2 Recht auf Töten

Verbot zu töten

In einer Auseinandersetzung über Tod und Auferstehung läßt der Koran Abraham zu seinem Widersacher sagen: „Mein Herr ist es, der lebendig macht und sterben läßt" (2,258). Der Tod ist das unentrinnbare Los, das Gott allen Menschen ohne Ausnahme festgelegt hat: „Und Wir haben für keinen Menschen vor dir bestimmt, ewig zu leben ... Jeder wird den Tod erleiden" (21,34–35; vgl. 3,185). Es gibt für die Menschen keine sichere Zuflucht vor dem Tod; auch hinter ihren hochgebauten Burgen, auch in ihren sichersten Verstecken erreicht sie der Tod (4,78; 62,8). So hat es Gott bestimmt (56,60). Er will damit die Menschen zur Besinnung bringen und sie auf die Probe stellen (67,2).

Da Gott allein der Herr des Lebens und des Todes ist, hat außer ihm niemand das Recht, über das Leben und den Tod der Menschen zu verfügen. Das Recht auf Töten gehört Gott allein und kann auf die Menschen nur im Rahmen der Bestimmungen Gottes zur Vollstreckung übertragen werden.

Der Koran geht von einem grundsätzlichen Respekt des Lebens aus: „Und tötet nicht einander" (4,29); „Es steht einem Gläubigen nicht zu, einen Gläubigen zu töten, es sei denn, (es geschieht) aus Versehen" (4,92). Das Leben hat Priorität vor dem berechtigten Töten: Der Koran erinnert in diesem Zusammenhang an das an die Israeliten ergangene Gebot: „Wenn einer jemanden tötet, jedoch nicht wegen eines Mordes oder weil er auf der Erde Unheil stiftet, so ist es[3], als hätte er die Menschen alle getötet. Und wenn jemand ihn am Leben erhält, so ist es, als hätte er die Menschen alle am Leben erhalten" (5,32).

So ist es verboten, menschliches Leben durch Selbstmord, Abtreibung, Euthanasie usw. zu töten. Dennoch wird das Recht auf Töten in einigen Fällen den Zuständigen in der Gesellschaft (Staat, Gericht, Rechtsvertreter eines Ermordeten, Kämpfer im Krieg) anvertraut, und dies, wenn ein dazu berechtigender Grund vorliegt: „Und tötet nicht den Menschen, den Gott für unantastbar erklärt hat, es sei denn bei vorliegender Berechtigung" (6,151; 17,33; vgl. 25,68). Dabei gilt es, mit der berechtigten Tötung so umzugehen, daß das Leben möglichst schonend behandelt wird: Man soll nicht maßlos im Töten sein (vgl. 17,33).

Berechtigung zum Töten

Töten gilt im Islam als berechtigt, wenn es als Strafe für besonders schwere Verbrechen (Apostasie, Mord, Ehebruch) vollstreckt wird, oder im Zuge des Kampfes bei Kriegshandlungen.

Abfall vom Glauben
Der Abfall vom Glauben wird als größte Schuld betrachtet, ist die schwerste Sünde, die der Mensch begehen kann. Der Koran geißelt diejenigen, die ihren islamischen Glauben ablegen: „die ungläubig geworden sind, nachdem sie gläubig waren ... Die Vergeltung für sie ist, daß der Fluch Gottes und der Engel und der Menschen über sie kommt ... Für sie ist eine schmerzhafte Pein bestimmt, und sie werden keine Helfer haben" (3,86.87.91; vgl. 4,137; 16,106–107). „Und wer den Glauben leugnet, dessen Werk ist wertlos, und im Jenseits gehört er zu den Verlierern" (5,5; vgl. 2,217; 7,147; 33,19; 47,1). Der Koran sieht über die jenseitige Pein für die Abtrünnigen hinaus keine diesseitige Strafe vor. Gleichwohl bestimmt er im Hinblick auf die Heuchler unter den Muslimen, die als Gefahr für die Gemeinschaft gelten, – für den Fall, daß sie sich abwenden –, daß die Gläubigen sie ergreifen und töten sollen (4,88–89). Die Rechtsgelehrten des Islams wenden diese Regelung auf den Abfall vom Glauben allgemein an und setzen dafür die Todesstrafe fest.

Auch Muḥammad habe in diesem Sinne festgestellt: „Wer seine Religion wechselt, den tötet" (bei Bukhārī). Und: „Das Blut eines Muslims ist nur in drei Fällen freigegeben: bei Apostasie nach dem Glauben, bei Unzucht nach legitimer Eheschließung und bei einem nicht als Blutrache verübten Mord" (bei Bukhārī und Muslim).

Es liegen sonst Berichte vor, die bestätigen, daß Muḥammad für den Abfall vom Glauben die Todesstrafe festgesetzt hat. Auch nach seinem Tod wurde diese Vorschrift angewandt, vornehmlich im Zusammenhang mit dem Krieg gegen die arabischen Stämme, die sich vom Islam wieder abgewandt hatten (im sogenannten Ridda-Krieg), und auch danach unter dem Khalifen ʿUmar.

So sind sich die Rechtsgelehrten aller Schulen bislang über das Strafmaß für die Apostasie einig: Todesstrafe. Leise Kritik an dieser Maßnahme in bezug auf die veränderten Zustände des Lebens in heutiger Zeit läßt sich hier und da vernehmen [4].

Vorsätzlicher Mord

Im Fall eines vorsätzlichen Mordes wird der Mörder der Vergeltung durch die Rechtsvertreter des Ermordeten freigegeben, und zwar nach dem Grundsatz des *ius talionis* (2, 178: „... der Freie für den Freien, der Sklave für den Sklaven, das Weib für das Weib"). Die Strafe trifft jedoch nur den Täter selbst, nicht seine Familie, seine Sippe oder seinen Stamm. Die Angehörigen des Ermordeten dürfen auf die Tötung des Verbrechers verzichten und sich mit dem fälligen Blutgeld begnügen (vgl. 2, 178) [5].

Eine Stelle des Korans bezieht sich auf die Gewalttäter: „Die Vergeltung für die, die gegen Gott und seinen Gesandten Krieg führen und auf der Erde umherreisen, um Unheil zu stiften, soll dies sein, daß sie getötet oder gekreuzigt werden oder daß ihnen Hände und Füße wechselseitig abgehackt werden, oder daß sie aus dem Land verbannt werden ..." (5, 33). Die muslimischen Gelehrten stellen hier folgendes fest: Gewalttäter wie Räuber und ähnliche Verbrecher, die einen Mord begangen haben, werden hingerichtet. Wenn sie gemordet und geraubt haben, werden sie gekreuzigt und getötet (die Gelehrten sind sich über die Kreuzigung nicht einig). Wenn sie nur geraubt haben, ohne zu morden, so werden ihnen wechselweise Hand und Fuß (d. h. rechte Hand und linker Fuß) abgehauen. Wenn sie die Menschen nur terrorisiert haben, ohne zu morden und ohne zu rauben, so werden sie in die Verbannung geschickt oder – nach einigen Rechtsgelehrten – ins Gefängnis geworfen.

Ehebruch

Auch für Ehebruch gilt die Todesstrafe. Die Schuld der Täter muß aber mit absoluter Sicherheit festgestellt werden. Nur in diesem Fall wird die Todesstrafe verhängt. Zur Feststellung des Tatbestandes dienen die Aussagen von vier glaubwürdigen Augenzeugen oder die unwidersprochen gebliebene Bezichtigung der Frau durch ihren eigenen Ehemann oder endlich das Geständnis der Täter selbst. Eine ausreichende Gewißheit bringt in der Praxis eigentlich nur das Geständnis des Schuldigen. Dies entspricht auch dem Verhalten Muḥammads selbst, der nach den Berichten der Überlieferung nur das Geständnis des Sünders als ausreichenden Beweis für dessen Schuld anerkannte und der auch in diesem Fall den Täter immer wieder nach Umständen fragte, die zu einem Freispruch hätten führen können.

Wird der Ehebruch nun einwandfrei festgestellt, so steht darauf die Todesstrafe für beide Täter. Wenn aber die Frau nur durch das Zeugnis von vier Zeugen belastet wird, so soll sie im Haus festgehalten werden, „bis der Tod sie abberuft oder Gott ihr einen Ausweg verschafft" (4, 15), z. B. dadurch, daß sich das Zeugnis als falsch erweist.

Diese letzte Strafe trifft auch die unverheiratete Frau, die mit einem verheirateten Mann Unzucht treibt. Der unverheiratete Mann, der mit einer verheirateten Frau Unzucht treibt, wird für die Dauer eines Jahres verbannt. Darüber hinaus trifft die unverheirateten Schuldigen die Strafe für Unzucht, d. h. hundert Peitschenhiebe.

Die *Homosexualität* wird nach einigen Rechtsgelehrten wie die Unzucht (mit hundert Peitschenhieben) oder wie der Ehebruch (mit der Todesstrafe) geahndet. Andere Gelehrte meinen, der Richter dürfe die Strafe verhängen, die er für angemessen hält, um die allgemeinen Sitten zu fördern und die Menschen von diesem Verbrechen abzuschrecken. Andere Gelehrte endlich sprechen sich für die Hinrichtung der beiden Schuldigen aus.

Kriegführung
Neben diesen Verbrechen, die mit der Todesstrafe geahndet werden, berücksichtigt der Islam die Umstände während der Kriegführung. Die *Kämpfer* des Islams dürfen die Feinde töten. Einige Stellen des Korans, die diesen Umstand ausdrücklich ansprechen, seien hier zitiert:

47,4: Wenn ihr auf die, die ungläubig sind, trefft, dann schlagt (ihnen) auf den Nacken. Wenn ihr sie schließlich schwer niedergekämpft habt, dann schnürt (ihnen) die Fesseln fest. Danach gilt es, sie aus Gnade oder gegen Lösegeld zu entlassen. (Handelt so), bis der Krieg seine Waffenlasten ablegt.

9,5: Wenn die heiligen Monate abgelaufen sind, dann tötet die Polytheisten, wo immer ihr sie findet, greift sie, belagert sie und lauert ihnen auf jedem Weg auf. Wenn sie umkehren, das Gebet verrichten und die Abgabe entrichten, dann laßt sie ihres Weges ziehen.

9,111: Gott hat von den Gläubigen ihre eigene Person und ihr Vermögen dafür erkauft, daß ihnen das Paradies gehört, insofern sie auf dem Weg Gottes kämpfen und so töten oder getötet werden. Das ist ein Ihm obliegendes Versprechen ...

Gott ist der Herr des Lebens und des Todes und des Weiterlebens. Ob im Leben oder im Tod – so die Empfehlung des Korans – soll der Muslim gewiß sein, daß sein Schicksal in der Hand Gottes liegt. Er soll sich mit den Worten trösten: „Wir gehören Gott, und wir kehren zu Ihm zurück" (2,156). Jedes irdische Leben wird ein Ende haben. Von entscheidender Bedeutung ist die auf den Tod folgende Begegnung mit Gott: Der Muslim muß wissen, daß er seine Hoffnung auf Gott, den gerechten und barmherzigen Richter, setzen darf, denn „Gott ist der Freund der Gläubigen" (3,68), er allein hat eine rettende „Freundschaft zu gewähren" (18,44), wenn die Stunde des Todes das Ende der irdischen Frist ankündigt und wenn Gott einmal zum Gericht und zur Abrechnung sitzen wird, um den Menschen nach ihrem Glauben und ihren Taten zu vergelten.

Anmerkungen

[1] Vgl. in der Bibel: „Denn der Trieb des menschlichen Herzens ist zum Bösen geneigt von Jugend an" (Genesis 8,21).
[2] Zu Gott, oder: trotz seiner Liebe zu ihm, d.h. zum Geld.
[3] Oder: so soll es sein, als ...: und zwar im Hinblick auf die Bestrafung.
[4] Vgl. oben S. 87–89.
[5] Im Falle eines aus Versehen verübten Totschlags darf der Täter nicht mit dem Tod bestraft werden. Er muß aber für seine Tat Sühne leisten: Blutgeld, Befreiung eines Sklaven oder Fasten während zweier aufeinanderfolgender Monate (4,92).

Der Islam und die Integrationsproblematik

In der Bundesrepublik Deutschland leben zur Zeit etwa zwei Millionen Muslime verschiedener Nationalität; die meisten von ihnen sind Türken. Auch in den übrigen Ländern der westlichen Welt leben Muslime, die inzwischen beachtliche Minderheiten bilden. Diese islamischen Minderheiten sehen sich zunehmend mit verschiedenartigen Problemen konfrontiert. Diese Probleme hängen auf der einen Seite mit ihrem Leben in einer Industriegesellschaft zusammen, einer Industriegesellschaft, die zudem aus einer anderen, einer christlichen Tradition erwachsen ist. Auf der anderen Seite stellt sich den Muslimen die Frage nach der eigenen Identität in einer nicht islamischen Gesellschaft mit zunehmender Schärfe.

Je nach der Situation, dem Bildungsstand und der persönlichen Neigung der Betroffenen treten bei ihnen verschiedene Reaktionen zutage. Zwischen Gleichgültigkeit und Loslösung von der früheren Tradition bei den einen und der Entwicklung fanatischer Ablehnungshaltungen bei den anderen gibt es alle Schattierungen der Entfremdung gegenüber dem eigenen Normensystem und der Auflehnung gegen die Gesellschaft, in der sie gezwungen sind zu leben.

Diese Situation verschärft sich bei den Muslimen, die in ihrer heimatlichen Gemeinde Halt gefunden hatten und eine solche Gemeinde hier in der Fremde nicht wiederfinden oder nicht mehr wiederaufbauen können. Da die islamische Gemeinschaft nicht hierarchisch strukturiert ist, kein Lehramt und keine Gemeindeleitung im christlichen Sinne kennt, fällt es frommen Muslimen schwer, einen Ersatz für die Gemeinde der Heimat zu finden, welche als Trägerin des religiösen und sozialen Lebens eine zentrale Rolle spielt.

Außerdem hat der Islam in seiner Rechtstradition hauptsächlich nur ein Modell des Zusammenlebens von Muslimen und Nicht-Muslimen ausgearbeitet. Dieses traditionelle Modell geht davon aus, daß die Muslime die Mehrheit bilden und die Herrschaft im Lande ausüben, die Gesetzgebung gestalten und die Rechtsprechung nach islamischem Gesetz und Recht besorgen. In den europäischen Industriestaaten erleben die Muslime dagegen eine andere, bislang ungewohnte Welt. Hier bilden sie nur eine Minderheit, deren Einfluß in der Gesellschaft verschwindend gering ist, die sogar von den mächtigeren Gruppen argwöhnisch beobachtet wird und alle Mühe hat, sich zu behaupten und ihre eigene Identität zu wahren.

Aus dieser Situation erwächst den Muslimen eine Unsicherheit in der Einschätzung ihres Rechtsstatus aus islamischer Sicht. Sie fühlen sich ratlos, wenn es um die Entwicklung notwendiger Normen für ihr Zusammenleben mit Nicht-Muslimen geht.

Wenn man darüber hinaus bedenkt, daß viele islamische Gemeinden, soweit sich Gemeinden gebildet haben, nicht von ausreichend qualifizierten Gemeindeleitern geführt werden, kann man die Not erkennen, die die Diaspora-Situation für viele Muslime mit sich bringt.

Angesichts dieser Lage ist es nicht verwunderlich, daß die Muslime sich an Richtungen, Bewegungen, Gruppierungen, Vorstellungen und Verhaltensmustern orientieren, die sie in ihren Heimatländern kannten. Dies geschieht in zunehmendem Maße, denn die islamische Szene, z. B. in der Bundesrepublik Deutschland, erlebt die Bildung von Gruppen und Bewegungen, die im Streit miteinander liegen und von denen jede mit Nachdruck zu bestimmen sucht, was islamischer Glaube sei und wie islamisches Leben in der Diaspora auszusehen habe. So erleben die Muslime in der Fremde dieselben Richtungskämpfe, die in den übrigen Ländern der islamischen Welt ausgetragen werden.

Eine dieser Richtungen setzt auf die vollständige Islamisierung der Gesellschaft und des Staatswesens und lehnt jede Gesellschaftsordnung, die nicht die islamische ist, ab. Sie lehnt folglich auch jede Art von Integration in einer nicht-islamisch gestalteten Gesellschaft ab. Diese Haltung verstärkt sich bei den Gruppen, die ihre Hoffnung auf die heutige Renaissance des Islams setzen und deren Hauptziele vorbehaltlos übernehmen.

Eines dieser Hauptziele ist die Befreiung islamischer Gesellschaften von der Entfremdung, die während der Kolonialzeit herrschte. Es geht hier nicht mehr um die politische Entfremdung in der Gestalt, wie sie im 19. Jahrhundert und bis nach dem Zweiten Weltkrieg erlebt wurde, als die meisten islamischen Länder zu Kolonien wurden und zur politischen Bedeutungslosigkeit verurteilt waren. Nicht nur sind heute alle islamischen Staaten politisch unabhängig; einige der Zentralländer des Islams wie Saudi-Arabien, Ägypten, Iran haben einen beachtlichen Rang auf der politischen Szene errungen. So suchen die Muslime ihre politische Unabhängigkeit auszubauen und darüber hinaus die Befreiung von jeder Art Entfremdung zu erreichen. Auch die kulturelle Überfremdung soll überwunden werden, der Strom der aus der modernen Welt in Ost und West importierten Vorstellungen und Ideologien gestoppt und die von der modernen Wissenschaft und Technik geprägte Mentalität zurückgewiesen oder einer scharfen Kritik unterzogen und erst in nach islamischen Maßstäben geläuterter Form zugelassen werden. So gilt der Kampf des wiedererwachten Islams der Befreiung von politischen Abhängigkeiten und von kultureller Bevormundung sowie von religiöser Entfremdung. Der Islam will seine dominierende Rolle im persönlichen Leben, in Familie, Gesellschaft und Politik wiedererlangen.

Viele Muslime und muslimische Gruppen entwickeln heute aus diesem neuen Selbstbewußtsein heraus und aus Überreaktion gegen die Minderwertigkeitsgefühle der Vergangenheit übermäßige Überlegenheitsgefühle. Dies ist nicht nur in den alten Ländern der islamischen Welt, sondern auch bei muslimischen Minderheiten in nicht-islamischen Staaten feststellbar. Eine solche Überreaktion führt mancherorts zur Verhärtung der Positionen und bedingt eine gewisse Abkapselung der Muslime gegenüber der übrigen Bevölkerung und hier und dort auch die Neigung zu unversöhnlichem oder gar radikalem Auftreten.

Diese Neigung verstärkt sich bei denen, die heute noch bzw. heute wieder am alten Grundsatz festhalten wollen: „Der Islam herrscht und wird nicht beherrscht." Dieses Ziel kann durch den Einsatz für die Ausbreitung des Herrschaftsbereiches des Islams erreicht werden. Nach den Vorstellungen des islamischen Mittelalters soll der Unglaube ausgerottet und die Ungläubigen als Gemeinschaft beseitigt werden. Ein Existenzrecht unter der Vorherrschaft des Islams erkennt das islamische Gesetz nur den Gemeinschaften zu, die nach seinem Verständnis den Glauben an den einen, einzigen Gott beibehalten bzw. eine Offenbarungsschrift erhalten haben, unter anderen den Juden und den Christen.

Ein weiteres Moment der heutigen Renaissance des Islams, das eine freie Reflexion über die Möglichkeit und den Charakter einer Integration in der Fremde erschwert, ist der mancherorts erhobene Anspruch, der Islam biete nunmehr eine Alternative zu den Modellen des Ostens und des Westens. Denn, so lautet das Argument, diese Systeme haben es nicht geschafft, die Probleme der Menschen zu lösen. Zwar haben sie materiellen Wohlstand gebracht und wissenschaftliche und technische Errungenschaften erzielt, aber sie haben auch eine Menge Probleme und Schwierigkeiten verursacht. Der Islam dagegen, der in seiner Wahrheit und in seiner Gesetzgebung die Religion ist, die der Natur des Menschen am besten entspricht (vgl. Koran 30,30), ist imstande, den Menschen zu helfen und sie zu leiten „zu dem, was richtiger ist" (Koran 17,9).

Die Chance der Diaspora-Situation

Die überwiegende Mehrheit der Muslime in der Bundesrepublik Deutschland fühlt sich hin- und hergerissen zwischen verschiedenen Richtungen und sucht oft in ratloser Unsicherheit ihren Weg in eine ungewisse Zukunft.

Die Ungewißheit über ihre Zukunft verstärkt sich bei den ausländischen Muslimen dadurch, daß sie nicht überschauen, was in bezug auf ihren Aufenthalt, ihre Beschäftigung und Aufstiegschancen auf sie zukommt. Weitere Probleme betreffen den Rechtsstatus ihrer Religionsgemeinschaft; denn es ist bislang nicht gelungen, die Frage nach der Anerkennung des Islams als Körperschaft des öffentlichen Rechts voranzubringen. Auch ist es immer noch nicht gesichert, daß die muslimischen Kinder eine islamische Unterweisung im Glauben und in den sittlichen Normen ihrer Religion erhalten durch Einführung des islamischen Religionsunterrichts als ordentliches Fach in den Schulen.

Zur Sorge um die Zukunft der Gemeinschaft und der Kinder gesellt sich die Sorge der Muslime um die Erhaltung einigermaßen guter Beziehungen zu ihren Nachbarn. Denn die zunehmende Ausländerfeindlichkeit läßt das mühsam gewonnene Vertrauen dahinschwinden, verstärkt die Abwehrreaktion bei den Betroffenen und die Neigung zur Abkapselung und letztlich zur Getto-Bildung.

Trotz all dieser Schwierigkeiten hat die islamische Diaspora eine echte Chance, eine für sich günstige und für den Islam im allgemeinen wegweisende Richtung zu finden und einzuschlagen. Diese Chance besteht aber nur, wenn die Muslime die Herausforderung, die ihr Leben in der Fremde bedeutet, annehmen. Sie dürfen ihre für sie bislang ungewohnte Situation nicht als Alibi nehmen und ihr Heil in der Flucht in extremistische Bewegungen und in radikale Haltungen suchen. Sie müssen den Mut haben, ein Leben als Minderheit zu akzeptieren, und nach einer geeigneten Form des Zusammenlebens mit der Mehrheit einer Gesellschaft suchen, deren Wertesystem zwar christlich geprägt ist, die sich aber nicht mehr bewußt und betont an religiösen Vorstellungen und Normen orientiert.

Um ihre Chance in der Diaspora wahrnehmen zu können, muß die islamische Gemeinschaft das Land, in dem sie lebt und in dem sie ihr Glaubenszeugnis gibt, im Grundsatz bejahen und nicht als Feindesland betrachten. Das klassische Rechtssystem des Islams, wie es sich im Mittelalter gebildet hat, macht bereits die Unterscheidung zwischen dem Gebiet des Islams und dem Gebiet der Feinde davon abhängig, ob das islamische Gesetz in einem bestimmten Land Gültigkeit erlangt hat, wenigstens für die dort lebenden Muslime. Wo also das islamische Gesetz befolgt wird, wenn auch von nur wenigen Muslimen, dort darf das betreffende Land nicht als islamfeindliches Gebiet bezeichnet und behandelt werden. Dies gilt, meinen einige Rechtsgelehrte ausdrücklich, auch wenn die Regierenden keine Muslime sind, auch wenn das islamische Gesetz nicht in der Gesamtheit seiner Bestimmungen und Vorschriften beachtet wird. Als Kriterium der Unterscheidung wird von der Mehrheit der Muslime folgende Feststellung gemacht: „Wenn ein Muslim in einem nicht-islamischen Land lebt und dort Rechtssicherheit genießt und seinen Glauben frei bekennen kann, dann ist das Land nicht islamfeindlich ..."*

So brauchen die Muslime z. B. in der Bundesrepublik Deutschland sich nicht in eine abwehrende und verschlossene Haltung zu begeben, die ihnen jede Chance der Entfaltung ihres islamischen Glaubens besonders erschwert. Diese Entfaltung des islamischen Glaubens und islamischen Lebens in einer nicht-islamischen Gesellschaft muß auf Lösungen beruhen, die die Diaspora-Situation der Muslime berücksichtigt. Da gilt es festzustellen, daß das islamische Rechtssystem, auch in seiner klassischen Gestalt, eine von vielen verkannte Flexibilität und Offenheit aufweist. Gerade die Handhabung des Gesetzes im Sinne seiner Flexi-

---

* Zitiert nach: M. S. Abdullah, Die Präsenz des Islams in der Bundesrepublik Deutschland, CIBEDO-Dokumentation 1, Köln 1978, S. 12.

bilität und Offenheit bietet der islamischen Diaspora eine bislang ungenutzt gebliebene Chance.

Die Flexibilität und Offenheit zeigt sich z. B. in folgenden Punkten. Die Koranexegese ist nicht so steif, wie man sie oft darstellt. Die muslimischen Interpreten weisen darauf hin, daß die rechtlichen Bestimmungen, die sich auf gesellschaftliche Verhaltensregeln beziehen, offensichtlich durch die Umstände der damaligen Zeit bedingt sind und daher auch relativiert werden dürfen. Das bedeutet, daß sie in manchen Punkten anpassungsbedürftig sind, wenn neue Lebensumstände neue Lösungen erfordern. Die Rechtsgelehrten unterstreichen in diesem Zusammenhang die sogenannten „Anlässe der Offenbarung", ihren Sitz im Leben. Außerdem, so betonen einige Autoren, muß immer darauf geachtet werden, welcher eigentliche und tiefe Grund hinter den Vorschriften steckt. Es ist diese Intention der koranischen Bestimmungen, die es zu beachten und zu erfüllen gilt, und zwar manchmal über die konkreten Maßnahmen der Tradition hinweg.

Endlich zeigt eine aufmerksame Lektüre des Korans, daß seine Bestimmungen aus verschiedenen Epochen stammen und auf sehr unterschiedliche Situationen reagieren. Beim Eintreten neuer Situationen dürfen sich die Muslime am Geist der koranischen Freiheit orientieren und das Lebensmodell entwerfen, das der koranischen Intention entspricht und sie in der Freiheit des Gottesglaubens bestärkt.

Dieselbe Flexibilität zeigt sich in der Anwendung der Überlieferungen, die auf Muḥammad, den Verkünder des Islams, zurückgehen. Die Autoren unterscheiden zwischen drei Kategorien von Traditionen, die nicht alle die gleiche Beweiskraft besitzen. Daher ist ihre Verbindlichkeit in vielen Fragen des modernen Lebens nicht solcher Art, daß sie flexible Entscheidungen unmöglich macht.

Auch das Rechtssystem, daß auf Koran und Überlieferung baut, weist dieselbe Flexibilität auf. Durch die Anwendung der Analogie, die Berücksichtigung des Gewohnheitsrechtes, die Bejahung des eigenen Urteils qualifizierter Gelehrter besitzen die Muslime einen ziemlich breiten Raum für neue Lösungen. Die Dimension dieses Freiraumes wird deutlicher, wenn man die geltenden Grundsätze für die Bildung des eigenen Urteils berücksichtigt.

Neben den Grundsätzen des Glaubens und der gesunden Tradition darf der Rechtsgelehrte sich an folgenden Gesichtspunkten orientieren: das Interesse der Gläubigen, die Rechtssicherheit bei nicht eindeutiger Situation, sein Fürgut-Halten einer Lösung, die Billigkeit und die Gerechtigkeit in den Entscheidungen sowie die Absicht des Gesetzes, Erleichterung für die Menschen zu bringen.

Um aber die Hilfen, die ihnen Koran, Tradition und klassisches Rechtssystem bieten, in rechter Weise in Anspruch nehmen zu können, brauchen die Muslime in der Diaspora die Unterstützung ausgebildeter Gelehrter, die sie der Gefahr der Gettoisierung entreißen und ihnen ein Gefühl der Sicherheit vermitteln. Diese Gelehrten dürfen nicht Lösungen unüberarbeitet importieren, die in ihren Heimatländern entwickelt wurden und dort ihre Gültigkeit haben. Sie müßten sich der Aufgabe stellen, für die islamische Diaspora das Modell zu entwerfen, das zu ihrer konkreten Lebenssituation paßt. Dazu müßten sie selbst das Leben der Diaspora teilen oder es wenigstens sehr gut kennen.

Die Bildung eines Rechtsgelehrten-Rates für Europa, als Hilfe für die Muslime in den europäischen Ländern gedacht, und eines Islamischen Rates für Deutschland ist grundsätzlich zu begrüßen. Ob diese Gremien auch die nötige Hilfe bringen, bleibt abzuwarten. Das Gelingen ihrer Tätigkeit wird davon abhängen, ob ihre Mitglieder über die konkreten Lösungen für die Probleme des Alltags hinaus auch die grundsätzlichen Richtlinien zu erkennen und zu formulieren vermögen, die für die Muslime in der Fremde erst eine echte Hilfe sind.

Außerdem wird die Haltung dieser Gelehrten zur Diaspora-Situation und zur Verbindlichkeit der traditionellen Formen und Lösungen eine bedeutende Rolle spielen. Denn die islamischen Gemeinden in der Diaspora, in Europa und in der westlichen Welt, brauchen die Unterstützung einsichtiger und treuer Kenner der Tradition, die Identitätsmerkmale des Islams und der Entfaltungsmöglichkeiten seiner Lebensordnung.

Erst dann wird die islamische Diaspora ihre Unsicherheit abstreifen, ihren Glauben entfalten, die Freude und Freiheit erleben, die ihnen die Zusicherung des Wohlwollens des barmherzigen Gottes verheißt.

Mischehen zwischen Muslimen und Christen

Die Zahl der Mischehen zwischen Muslimen und Christen nimmt in unserer Gesellschaft zu. Und wenn man bedenkt, daß unter den zum Islam übergetretenen Deutschen ein hoher Anteil aus christlichen, mit Muslimen verheirateten Frauen besteht, so erscheint es angebracht, die Einstellung der islamischen Gemeinschaft zu solchen Mischehen näher zu erörtern, wie sie in der klassischen Lehre des islamischen Rechtssystem und in zeitgenössischen Äußerungen zum Ausdruck kommt.

1 Die klassische Lehre

Verboten ist im Koran die Heirat mit einer polytheistischen Frau bzw. mit einem polytheistischen Mann, und dies wegen der Unvereinbarkeit des islamischen Glaubens mit dem Polytheismus und dem Umglauben (vgl. 2,221; 60,10).

Eine muslimische Frau darf keinen Juden bzw. keinen Christen heiraten. Die Autoren beziehen sich auf den Vers des Korans, der die Heirat mit den Ungläubigen verbietet: „O ihr, die ihr glaubt, wenn gläubige Frauen als Auswanderer zu euch kommen, dann prüft sie ... Wenn ihr feststellt, daß sie gläubig sind, dann schickt sie nicht zu den Ungläubigen zurück. Zur Ehe sind weder diese (Frauen) ihnen erlaubt, noch sind sie diesen (Frauen) erlaubt" (60,10). Der Grund für dieses Verbot und die Interpretation des Koranverses im Sinne eines Verbots der Mischehe mit jüdischen bzw. christlichen Männern wird darin gesehen, daß in einer solchen Ehe der islamische Glaube der Frau gefährdet erscheint.

Wenn aber darauf hingewiesen wird, daß nach islamischem Recht ein Muslim eine Jüdin bzw. eine Christin heiraten darf, dann wird der Unterschied zwischen den beiden Fällen folgendermaßen erläutert: „Der muslimische Gatte, der ja der Hüter der Familie ist, hat von seiner Religion den Befehl erhalten, für seine Frau, die Schriftbesitzerin, zu sorgen und ihre Glaubensüberzeugung und ihre Frömmigkeit nicht anzugreifen; dabei glaubt er an das Prophetenamt Mose und Jesu. Dies ist aber nicht der Fall bei einem Schriftbesitzer (im Hinblick auf eine muslimische Frau), denn er glaubt überhaupt nicht an den Propheten des Islams und das Siegel der Propheten, Muḥammad, so daß dieses einen Grund darstellt, ihr Unannehmlichkeiten zu bereiten und sie von ihrer Religion abzubringen"[1]

Was die Heirat eines Muslims mit einer Christin oder Jüdin anbelangt, so nehmen die Gelehrten Bezug auf den Koranvers 5,5: „Heute sind euch die köstlichen Dinge erlaubt ... (Erlaubt sind) auch die unter Schutz gestellten gläubigen Frauen und die unter Schutz gestellten Frauen aus den Reihen derer, denen vor euch das Buch zugekommen ist, wenn ihr ihnen ihren Lohn zukommen laßt und mit ihnen in der Absicht lebt, (sie) unter Schutz zu stellen, nicht Unzucht zu treiben und (sie) nicht als heimliche Konkubinen zu nehmen ..."

Die Autoren weisen außerdem darauf hin, daß die Gefährten des Propheten Muḥammad solche Ehen mit Schriftbesitzerinnen geschlossen haben, z.B. ʿUthmān und Ṭalḥa ibn ʿUbayd Allāh jeweils mit einer Christin sowie Ḥudhayfa mit einer Jüdin. Ibn Qayyim al-Djauziyya bestätigt das und zitiert ein Wort von Ibn Ḥanbal: „Ich mag nicht, daß er (der Muslim) es tut, aber einige Gefährten des Propheten haben es getan." Dann gibt er folgenden Ḥadīth wieder:

> Zu denen, die Frauen aus den Reihen der Schriftbesitzer geheiratet hatten, hat ʿUmar gesagt: Entlaßt sie! Sie entließen sie, außer Ḥudhayfa. ʿUmar sagte: Entlasse sie!
> Da sagte er: Bezeugst du, daß sie verboten ist?
> Er sagte: Sie ist eine brennende Kohle, entlasse sie!
> Er sagte: Bezeugst du, daß sie verboten ist?

> Er sagte: Sie ist eine brennende Kohle.
> Ḥudhayfa sagte: Ich weiß, daß sie eine brennende Kohle ist, aber sie ist mir erlaubt.
> Und er weigerte sich, sie zu entlassen.
> Später entließ er sie. Da sagte man zu ihm: Hättest du sie doch entlassen, als ʿUmar es dir sagte.
> Da sagte er: Ich mochte nicht, daß die Leute meinen, ich hätte etwas Unerlaubtes begangen.[2]

Solche Ehen sind nach der Meinung der großen Mehrheit der Rechtsgelehrten erlaubt, sie werden jedoch von ihnen nicht empfohlen. Es sprächen viele Gründe dagegen. Z. B. darf die nicht-muslimische Frau Dinge tun, die für einen Muslim verboten sind: Sie darf die Kirche besuchen, Wein trinken, Schweinefleisch essen. Dadurch wird sie zu einem ständigen Herd der Verunreinigung für ihren Mann und für ihre Kinder, ganz abgesehen davon, daß sie für die religiöse Erziehung der Kinder nicht geeignet ist.

Die Vorbehalte in dieser Hinsicht bringt Ibn Qudāma eindeutig zum Ausdruck: „Er soll keine aus ihren Reihen heiraten, denn wenn seine Frau aus ihren Reihen ist, wird sie ihn in bezug auf ihr Kind besiegen, und das Kind wird ihr in ihrer Religion folgen ... Denn es ist offensichtlich, daß seine Frau ihn besiegen wird im Hinblick auf ihr Kind und das Kind zum Unglauben führen wird. Aber das Gesetz des Islams verlangt, daß der Islam herrscht, wenn einer der Eltern Muslim ist oder wenn der Muslim eine Dhimmī-Frau heiratet ..."[3]

Was nun die Freiheiten der christlichen Frau betrifft, so verbieten ihr die Shāfiʿiten das Essen von Schweinfleisch. Nach Aḥmad ibn Ḥanbal darf ihr ihr Mann verbieten, zum Fest der Christen oder zur Kirche zu gehen. Er darf ihr auch verbieten, sich zu betrinken, weil dies ihm schadet oder zuwider ist. Wenn sie es aber ablehnt, das Weintrinken zu unterlassen, so darf er sie nicht mit Gewalt daran hindern. Dasselbe gilt für das Anbringen eines Kreuzes in seinem Haus. Er darf sie jedoch nicht daran hindern, ihre Pflicht, zu fasten und zu beten, zu erfüllen, oder auch ihre heilige Schrift zu lesen.[4]

Im Fall der Konversion der Ehepartner oder eines von ihnen zum Islam gelten besondere Bestimmungen.

(1) Wenn die Frau sich zum Islam bekehrt, während ihr Mann seiner Religion treu bleibt, so muß die Ehe geschieden werden; denn da eine muslimische Frau keinen Nicht-Muslimen heiraten darf, darf sie auch nicht mit ihm im Ehestand leben.

(2) Wenn die Ehe noch nicht vollzogen wurde, so ist sie durch die Konversion der Frau automatisch geschieden, so die Lehre von Mālik und Shāfi'ī, oder sie wird durch den Richter geschieden, so die Lehre des Abū Ḥanīfa. Wenn die Ehe vollzogen wurde, so muß ein Urteil die Ehe scheiden, allerdings erst nach dem Ablauf der legalen Frist (vgl. Koran 2,228; 65,1) und unter der Bedingung, daß der Mann sich weigert, den Islam anzunehmen. Wenn der Mann sich zum Islam bekennt, so bleibt die Ehe bestehen, bzw. sie wird saniert.

(3) Im Falle der Scheidung der Ehe aufgrund der Konversion der Frau hat diese, wenn die Ehe vollzogen wurde, Recht auf die finanzielle Unterstützung, die der Koran festlegt (vgl. 2,241). Wenn die Ehe nicht vollzogen wurde, hat sie Recht auf die Hälfte dieser Summe (so Abū Ḥanīfa und Shāfi'ī), oder aber sie verliert alle Ansprüche (so Mālik).

(4) Wenn sich der Mann zum Islam bekehrt, die Frau aber nicht, so treten die gesetzlichen Bestimmungen in Kraft, die die Ehe des Muslims mit einer nicht-muslimischen Frau regeln.

(5) Wenn beide Ehepartner sich zum Islam bekehren, so wird ihre Ehe automatisch annulliert, wenn ihr Verwandtschaftsgrad eine Ehe nach islamischem Gesetz ungültig macht. Falls es sich um einen Formfehler handelt, z. B. bei einer Eheschließung ohne Anwesenheit von Zeugen oder während der legalen Frist der Frau, so spricht sich Abū Ḥanīfa dennoch für die Gültigkeit und den Bestand der Ehe aus, Mālik und Shāfi'ī halten dagegen die Ehe für ungültig.[5]

2 Offizielle Rechtsgutachten

Es sollen hier einige Rechtsgutachten wiedergegeben werden, die in jüngerer Zeit von beamteten Rechtsgelehrten in Ägypten erstellt und vom offiziellen Amt der Begutachtung (Dār al-iftā') in Kairo herausgegeben wurden: Al-Fatāwā al-islāmiyya, Bd. I, Kairo 1980.

Der Muftī Shaykh Muḥammad 'Abduh, Radjab 1318/1898 (Nr. 52, S. 151), *Grundsatz:* Die Heirat zwischen einer Dhimmī-Frau und einem Muslim, in welchem Land Europas auch immer, ist erlaubt und wird in Ägypten bestätigt aufgrund der Anwesenheit von zwei Zeugen, auch wenn diese Dhimmīs wären.

Antwort: „Es ist erlaubt, daß ein Muslim, Untertan des Hohen Staates (= Osmanischen Reiches), eine Christin in Deutschland oder in einem anderen Land der Länder Europas heiratet. Und diese Ehe wird als in Ägypten akzeptiert angesehen, wenn der Vertrag in Anwesenheit von zwei Zeugen geschlossen wird, auch wenn diese zwei Dhimmīs sind. Und dies, weil die Ehe zwischen einem Muslim und einer Christin legal erlaubt ist in jedem Land, wenn die für die Gültigkeit des Vertrags notwendigen Bedingungen erfüllt waren, denn die Christin gehört zu den Schriftbesitzerinnen, und es ist den Muslimen erlaubt worden, Frauen aus den Reihen der Schriftbesitzer zu heiraten."

Der Mufti Shaykh Muḥammad Bakhīt, August 1919 (Nr. 70, S. 182–183), *Grundsätze* (S. 182):
(1) Einem Muslim ist es überhaupt ohne Einschränkung erlaubt, eine Frau aus den Reihen der Schriftbesitzer (Juden, Christen) zu heiraten.
(2) Es ist aus Lauterkeitsgründen verpönt, eine Frau aus den Reihen der Schriftbesitzer zu heiraten, die im Gebiet des Islams wohnt.
(3) Es ist im Sinne des Verbietens verpönt, eine Frau, die in einem nicht-islamischen Land wohnt, zu heiraten, um der Verführung zu wehren, und aus Furcht, der Mann würde

mit ihr im Gebiet des Krieges verbleiben, und das Kind würde der Gefahr ausgesetzt werden, die Lebensweise der Ungläubigen anzunehmen, und aus Angst um das Kind, es könnte in die Sklaverei geraten, wenn seine Mutter während ihrer Schwangerschaft verschleppt würde; dann würde es Sklave werden, obwohl es Muslim ist.

Der Mufti Shaykh ʿAbd al-Raḥmān Qarāʿa, Januar 1925 (Nr. 73, S. 188–189), – *Grundsätze* (S. 188):
(1) Es ist im islamischen Gesetz erlaubt, daß ein Muslim eine Frau aus den Reihen der Schriftbesitzer heiratet, ob sie Christin oder Jüdin ist, wenn keine Ehehindernisse bestehen und wenn sie beide die Bedingungen erfüllen.
(2) Für die Gültigkeit dieses Vertrags ist es nicht eine Bedingung, daß die Zeugen Muslime sind, und auch nicht, daß er vor einem Richter oder vor einem besonderen Beamten geschlossen wird.
(3) Wer das Recht besitzt, sich durch die Ehe zu binden, hat auch das Recht, sich durch Entlassung der Frau loszulösen.

Der Muftī Shaykh ʿAbb al-Madjīd Salīm, November 1928 (Nr. 76, S. 192–194): Heirat des Christen mit einer Muslimin und deren Folge, – *Grundsätze* (S. 192):
(1) Die Heirat des Christen mit einer Muslimin und sein Eheverkehr mit ihr und die Erziehung der Kinder, die er von ihr bekommen hat, sind ungültig. Dadurch wird nicht eine legitime Abstammung nach dem Gesetz festgestellt.
(2) Das Kind wird Muslim, es folgt damit seiner Mutter.
(3) Wenn es als Christ stirbt, stirbt es als Renegat; seine Apostasie gilt von der Zeit seiner Annahme der christlichen Religion an ...
(4) Die übrigen Kinder des christlichen Mannes dürfen dieses Kind nicht beerben. Wenn es aber einen Bruder von seiner Mutter hat, der Muslim ist, so erbt dieser von ihm in bezug auf das, was es als Muslim erworben hat. Was es nach seiner Apostasie erworben hat, wird der staatlichen Kasse (= des islamischen Landes) zugeschlagen.

Der Muftī Shaykh Ḥasanayn Muḥammad Makhlūf, Januar 1950 (Nr. 109, S. 239): Heirat einer Frau, die den Islam angenommen hat, mit einem Christen, – *Grundsätze:*
(1) Die Frau wird als Muslimin betrachtet ab dem Datum ihrer Annahme der islamischen Religion.
(2) Wenn sie danach einen Christen heiratet, indem sie in ihren Ehevertrag angibt, daß sie Christin ist, so ist sie eine vom Glauben Abgefallene, und ihre Heirat ist ungültig, so wie ihre Heirat mit einem Muslim ungültig ist, da sie ja eine Abgefallene ist.
(3) Wenn sie in ihrem Ehevertrag mit einem Muslim angibt, daß sie eine Muslimin ist, wird sie aufgrund dessen als Muslimin betrachtet, und ihre Heirat als gültig.

3 Stellungnahmen moderner Autoren

Der anerkannte Autor Maḥmud Shaltūt, seinerzeit Professor an der Azhar-Universität zu Kairo, schrieb in seinem islamischen Rechtsgutachten zum Thema „Heirat eines Muslims mit einer Nicht-Muslimin" folgendes[6]:

Die beste Ehe ist die, in der Eintracht und Aufrichtigkeit der Gefühle sowie Einigkeit der Wünsche herrschen, so daß Liebe und Barmherzigkeit sich entfalten können und das Glück der Kinder und der Familie gesichert werden kann. Das Beste ist also, wenn beide Ehepartner denselben Glauben (den Islam) haben.

Was die Mischehe betrifft, so darf eine muslimische Frau keinen Nicht-Muslim heiraten, so steht es fest in der übereinstimmenden Meinung der Gemeinschaft seit der Zeit des Gesandten Gottes Muḥammad bis heute. So meinen die Rechtsgelehrten: „Man muß dieses Verbot kennen", d. h. wer eine gegenteilige Meinung vertritt, stellt sich außerhalb der islamischen Religion.

Was die Heirat eines Muslims mit einer nicht-muslimischen Frau anbelangt, so muß man unterscheiden zwischen der Heidin, die an keinen Gott glaubt, und der Schriftbesitzerin, die an Gott glaubt, die prophetische Mission der Gesandten annimmt und an die Auferstehung und die Vergeltung glaubt.

Die Heirat mit einer Heidin ist ungültig, laut der eindeutigen Aussage des Korans (2,221) und der übereinstimmenden Lehre der Gelehrten des Islams.

Die Meinungen über die Heirat eines Muslims mit einer Schriftbesitzerin gehen auseinander. Einige halten diese Heirat für erlaubt und verweisen auf den Koranvers 5,5. Andere sagen, sie sei, genauso wie die Heirat mit einer Heidin, verboten. Für das Verbot sprechen sich ʿAbd Allāh ibn ʿUmar, einige Nachfolger und einige Gelehrte aus. Denn, so argumentierten sie, wenn die Schriftbesitzerin ihre Lehre dahin deutet, daß sie die Sendung Muḥammads verleugnet, dann gehört sie in der Praxis zu den Polytheisten, und ihr Glaube an Gott allein genügt nicht, um sie von den Heiden abzusondern. Der Koran sagt ja: „Und die meisten von ihnen glauben nicht an Gott, ohne beizugesellen" (12,106); und er mahnt die Gläubigen, sich nicht die Juden und die Christen zu Vertrauten zu nehmen (vgl. 5,51; 60,61).

Die Meinung, die die Heirat eines Muslims mit einer nicht-muslimischen Frau aus den Reihen der Schriftbesitzer erlaubt, beruht auf der natürlichen gesetzlichen Regel, daß der Mann die Verantwortung für die Frau und den Vorrang vor der Frau hat. So hat er auch die Vollmacht und die Führungsgewalt in der Familie und in bezug auf die Kinder. Somit ist die islamische Erziehung der Kinder gesichert. Außerdem gibt eine solche Heirat der Frau die Gelegenheit, sich von den Vorzügen des Islams zu überzeugen.

Wenn aber der Mann diese Vormachtstellung ablegt und seiner Frau, der Schriftbesitzerin, die Möglichkeit einräumt, über ihn, seine Familie und seine Kinder zu bestimmen, und zwar im Sinne ihres Glaubens und ihrer Lebensweise, wenn er also sich ihr unterwirft und sie zur Führerin nimmt, dann bedeutet das die Umkehrung der Lage und die Umkehrung der guten Gründe, die Gott veranlaßt haben, eine solche Heirat zu erlauben.

Gerade dies stellen wir heute bei den Männern, die europäische Frauen heiraten, fest. Der muslimische Ehemann läßt seine Frau mit den Kindern zur Kirche gehen, er läßt sie ihnen Namen aus der Tradition ihres Volkes geben; sie bindet ihnen die Zeichen ihrer Religion um den Hals und erzieht sie im Essen, im Trinken und in der Art, soziale Kontakte aufzunehmen, nach den Sitten ihrer Gemeinschaft. Das kennt und akzeptiert der Islam eben nicht. Darüber zu schweigen, wird als Unglaube und Abfall von der Gemeinschaft und von der Religion betrachtet. Dort, wo die Männer schwach werden, ist also eine solche Heirat verboten.

Die Regierungen sind verpflichtet, diesem Zustand ein Ende zu bereiten und solche Ehen zu verhindern. Denn sie sind eine Gefahr für das Wesen und die nationale Identität der Muslime. Wieviele europäische Frauen haben im Schutz des Islams die materiellen Güter und das Leben genossen und außerdem ihre Männer überlistet, um durch sie für ihr Land eine Brücke zu bauen und ihm dadurch zu ermöglichen, seine Vorherrschaft auszuüben. Es ist also notwendig, solche Ehen scharfen Bedingungen zu unterziehen oder sie zu verbieten.

Ein anderer, vielgelesener Autor, Aḥmad Shalabī, äußert sich zum Thema: Heirat mit einer Schriftbesitzerin, Heirat mit einer Ausländerin, Bekehrung zum Islam, um eine muslimische Frau heiraten zu dürfen.[7]

Der Koran, führt er aus, erlaubt die Heirat eines Muslims mit einer jüdischen bzw. christlichen Frau (5,5). Denn der Glaube an Gott ist die Grundlage des Familienlebens, und damit will der Islam eine Art Verbindung zwischen Muslimen und Dhimmīs schaffen und die Liebe zwischen beiden Gruppen verbreiten.

Der Islam bringt der nicht-muslimischen Frau große Toleranz entgegen, denn sie darf weiterhin als Jüdin bzw. Christin leben, und der muslimische Ehemann respektiert ihre religiösen Gefühle. Dies könnte sie vielleicht dazu führen, die Vorzüge des Islams zu erkennen. Sie kann auf jeden Fall erkennen, wie nahe ihr Glaube und der Glaube ihres Mannes zueinander stehen.

Die Kinder aus solchen Ehen müssen der höheren Religion folgen, also dem Islam. Auch ist die islamische Erziehung der Kinder eine Pflicht.

Aber dies ist aus verschiedenen Gründen nicht mehr zu gewährleisten, wenn es sich um jüdische Frauen handelt; denn sie lassen es an Loyalität fehlen; sie werden sicher die Kinder nicht islamisch erziehen.

Dann übernimmt der Autor die Vorbehalte, die bereits Shaltūt geäußert hat, und fügt hinzu: „Wo die Muslime eine kleine Minderheit sind, da überwiegt die Meinung, daß es verboten ist, eine Christin zu heiraten; denn es würde, da die muslimischen Frauen keinen Nicht-Muslimen heiraten dürfen, bedeuten, daß die Musliminnen unverheiratet bleiben müßten ..." (S. 46).

Wo die Muslime keine eindeutige Mehrheit sind, so die eigene Meinung des Autors, dort sollten sie keine nichtmuslimischen Frauen heiraten, sonst würden sie die Muslime nur schwächen. Vor dem Hintergrund der Geschichte des Kolonialismus und der Gefahr der Entfremdung für die Männer und die Kinder spricht sich der Autor gegen die Heirat muslimischer Männer mit fremden Frauen aus. Er übernimmt hier den Standpunkt von Shaltūt , den er wörtlich zitiert. Er analysiert die Lage der muslimischen Männer in der Fremde. Die ersten Schritte zur Annäherung an die fremden Frauen unternähmen die muslimischen Studenten, denen die Lage der muslimischen Frauen im Vergleich als trist und unterlegen erscheine ... Aber heute solle man wohl eine andere Haltung einnehmen. Nachdem er nochmals Shaltūt wörtlich wiedergibt, schreibt er zum Schluß: „Wir meinen, daß die Heirat mit Ausländerinnen, vor allem aus den Kolonialländern, aufhören oder wenigstens eingeschränkt werden muß, so daß dies nur noch in einem sehr engen Maße geschieht, wobei der Ehemann die Verantwortung für die Behütung seiner Kinder übernimmt, so daß sie eine echte islamische Erziehung erhalten" (S. 52).

Zur Frage der Heirat einer muslimischen Frau mit einem Nicht-Muslim nimmt Shalabī Stellung, indem er das Verbot solcher Ehen unterstreicht. Die Rechtfertigung des Unterschieds zwischen diesem Verbot und der grundsätzlichen Erlaubnis für einen Muslim, eine Christin zu heiraten, sieht er darin, daß auf der einen Seite der Muslim die Religion der christlichen Frau respektiert, während eine muslimische Frau beim Christen das gleiche nicht erwarten darf. Denn der Christ glaubt nicht an die Sendung Muḥammads und an den Islam und dessen Gesetze, so daß er seine muslimische Frau gefährden würde, und er wird ihr nicht erlauben, die Pflichten ihrer Religion zu erfüllen. Außerdem müßten die Kinder Muslime sein, was kaum möglich sein wird, wenn der Mann nicht Muslim ist.

Zum Schluß dieses Kapitels sei noch die Stellungnahme des Zakariyyā al-Birrī wiedergegeben, der die bekannten Angaben zusammenfaßt.[8] Nach dem Koran (5, 5), der Übereinstimmung der Gefährten Muḥammads und der Praxis einiger von ihnen ist es erlaubt, eine Frau aus den Reihen der Schriftbesitzer zu heiraten. Der Unterschied zwischen einer Schriftbesitzerin und einer Heidin besteht darin, daß die Schriftbesitzerin, so wie die Muslime selbst, eine himmlische Religion und ähnliche religiösen Grundsätze wie die des Islams hat (vgl. Koran 42, 13). Aber der Islam ist der Schlußpunkt der Religionsgeschichte (Koran 3, 85). So ist es besser, daß ein Muslim eine Muslimin heiratet; denn die Übereinstimmung zwischen ihnen ist vollständiger und vollkommener, und so können die Kinder eher eine rein islamische Erziehung erhalten.

Es ist verpönter, eine Schriftbesitzerin zu heiraten, wenn sie aus einem Land der Kolonialmächte stammt, unter denen einige islamische Länder zu leiden haben; denn solche Ehen werden von den Kolonialherren als Instrument zur Festigung ihres Einflusses eingesetzt. Deswegen haben einige islamische Länder ihren Diplomaten zur Bedingung gemacht, daß sie nicht mit fremden Frauen verheiratet sein dürfen. Auf jeden Fall müssen die Kinder aus solchen Ehen muslimisch sein, sie folgen ihrem Vater.

[1] Zakariyyā-al-Birrī, Al-Aḥhām al-asāsiyya li l-ussa al-islāmiyya, Kairo 1974, S. 59.

[2] Ibn Qayyim al-Djauziyya, Aḥkām ahl al-dhimma, hrsg. von Ṣubḥī al-Ṣāliḥ, Bd. II, Beirut [3]1983, S. 421. Auf S. 421–422 weist der Autor die Interpretation der Shī'iten zurück, die ein Verbot der Heirat mit Schriftbesitzerinnen vertreten.

[3] Ibn Qudāma, Al-Mughnī, Kairo, o. J., Bd. VIII, S. 455–456. Vgl. Sarakhsī, Al-Mabsūṭ, Bd. V, Teil 10, Beirut [3]1978, S. 74–75, 96–98.

[4] Vgl. Ibn Qayyim, op. cit., Bd. I, S. 438–441; Ibn Qudāma, op. cit., Bd. VIII, S. 537–538.

[5] Die Bestimmungen, die im Falle der Konversion zum Islam geltend gemacht werden, greifen nur dort, wo das islamische Gesetz angewandt wird, d. h. in den Ländern, die nach Islamem Recht regiert werden, und in den nicht-islamischen Ländern, die das religiöse Eherecht der jeweiligen Gemeinschaften als gültig für ihre Anhänger betrachten. – Zu den verschiedenen Meinungen zu diesem Fragenkomplex in der islamischen Rechtstradition vgl. Ibn Qayyim, op. cit., Bd. I, S. 319–322. Ausführliche Diskussion der dargestellten Meinungen: S. 322–345.

[6] Maḥmūd Shaltūt, Al-Fatāwā, Beirut/Kairo [9]1978, S. 276–281.

[7] Aḥmad Shalabī, Al-Ḥayāt al-idjtimā'iyya fī l-tafkīr al-islāmī, Kairo 1968, S. 43–47, 48–52, 53–56.

[8] Al-Birrī, op. cit., S. 58.

Christen und Muslime

Gegner oder Partner?

In unserer Zeit, die durch atemberaubende Umwälzungen einer noch unsicheren Zukunft entgegenrennt und in eine wie immer geartete Einheit unweigerlich gestürzt wird, ist die Frage nach dem Beitrag der Religionen zu diesem schicksalhaften Prozeß ein dringendes Anliegen.

Christen und Muslime sind in diesem Prozeß einbezogen, sie können nicht abseits stehen und die Haltung des Zuschauers einnehmen. Sie bilden gemeinsam mit fast 3 Milliarden Anhängern ein enormes Potential; sie stehen daher einander und der gesamten Welt gegenüber in der Verantwortung, in der gemeinsamen Verantwortung für die Gegenwart und die Zukunft der Menschheit. Werden sie dieser Verantwortung gerecht?

Es wird wohl ein langer und schwieriger Weg sein: der Weg der Überwindung unserer von Feindschaft und Aggressivität gekennzeichneten Geschichte, der Weg der Überwindung unserer von Mißtrauen und Rivalität getrübten Gegenwart zu einer Zukunft hin, in der Christen und Muslime nun endlich Partner und Freunde sind und gemeinsam ihren Beitrag zum Aufbau der einen Menschheitsfamilie leisten.

1 Weggefährten und Konkurrenten

Denn seit der Entstehung und der ersten Ausbreitungsphase des Islams bis in unsere Tage hinein stehen Christen und Muslime einander sehr nahe und zugleich sehr fern. Einander ähnlich und zugleich verschieden, sind sie füreinander gleichzeitig Weggefährten und Konkurrenten. Sie behandeln sich auch gegenseitig mal wie Freunde und mal wie Feinde. Dieses zwiespältige Verhältnis hat neben politischen und kulturellen Gründen auch religiöse Wurzeln.

Die militärische Konfrontation, die die früheren Etappen der Begegnung zwischen dem islamischen Reich und den Ländern der christlichen Welt markierte, steht heute nicht mehr im Vordergrund der Beziehungen zwischen Christen und Muslimen. Und dies, obwohl bewaffnete Auseinandersetzungen zwischen muslimischen und christlichen Gruppen in vielen Ländern der Erde angestaute Haßgefühle wachrufen. Auch hat der heutige Islam bei der Mehrheit seiner Rechtsgelehrten noch nicht seine klassische Theorie des kriegerischen Einsatzes für die Sache des Islams zurückgezogen oder grundlegend geändert.

Die kulturellen Gründe der Auseinandersetzung zwischen Christen und Muslimen gewinnen im Zuge der heutigen Wiedererwachungsbewegung des Islams neue Bedeutung. Zwar war das christliche Abendland zeitweilig voller Bewunderung für die hohen kulturellen und zivilisatorischen Leistungen der islamischen Welt; zwar verdankt der christlich geprägte Westen der islamischen Philosophie und der islamischen Wissenschaft viel, war ihm doch diese u. a. ein Vehikel des griechischen Denkens und der Träger und Fortführer des damaligen wissenschaftlichen Erbes. Aber die Christen in Europa und im Westen haben jahrhundertelang diese Glanzzeit der islamischen Kultur vergessen. Lange Zeit wurde der Islam vorwiegend als Faktor kultureller Stagnation und zivilisatorischer Rückständigkeit angesehen und infolgedessen mit herablassender Überheblichkeit behandelt.

Muslime unserer Zeit jedoch blicken jenseits der Kolonialzeit auf die Errungenschaften ihrer eigenen Vergangenheit zurück. Sie schauen mit Stolz auf die kulturellen Leistungen ihrer großen Denker und Wissenschaftler der klassischen Zeit, als der Islam noch die unangefochtene Grundlage des riesigen islamischen Reiches von Nordafrika über den Vorderen und Mittleren Orient bis nach Indien und China bildete.

Der Stolz der Muslime auf die eigene Kultur hat seine

Wurzeln in der eigenen Religion. In den Augen der Christen nimmt sich der Islam dagegen wie eine christliche Häresie aus, und er wurde auch immer wieder als solche bezeichnet. Der Islam selbst versteht sich als eine selbständige Religion, die zwar in Übereinstimmung mit der biblischen Tradition steht, aber mit dem Judentum und dem Christentum nicht identisch ist. Der Islam grenzt sich vielmehr vom Christentum ab, indem er die zentralen Glaubenslehren des Christentums (Trinität, Gottheit Jesu Christi, Erlöserrolle Christi) zurückweist, ohne jedoch seine bewußte Verbindung mit der Tora des Mose und dem Evangelium Jesu Christi zu leugnen. Denn, so lautet die Aussage des Korans, der heiligen Schrift des Islams: Muḥammad sei der Verkünder der koranischen Botschaft, welche die biblische Offenbarung bestätige und sie zu ihrer letzten und endgültigen Gestalt führe, die alle vorherigen Religionen in ihrer universalen Geltung aufhebe und keine neue Offenbarung mehr zulasse. Diese letztgültige Offenbarung des Korans habe, so der Glaube der Muslime, alles gebracht, was der Mensch für sein Leben braucht: das Licht der unfehlbaren Wahrheit, die Norm des rechten Handelns, eine allumfassende Lebensordnung.

Es gibt heute Muslime, die dem Christentum vorwerfen, es habe vor dem Säkularismus kapituliert und in Gesellschaft und Staat das Feld geräumt. Und gerade da, so ihr Anspruch, will der heute neu erwachte Islam die Lücke schließen.

Dem politischen Islam geht es heute darum, in Staat und Gesellschaft eine Alternative zum atheistischen Modell des Ostens und zum laizistischen bzw. säkularistischen Modell des Westens aufzubauen, die Alternative einer Politik, die sich auf das Gesetz Gottes beruft und die Rechte Gottes durchsetzen will.

Christen und Muslime waren in ihrer langen Geschichte Gegner und Weggefährten. Sie bleiben heute noch in der tiefgreifenden Differenz des von ihren beiden Religionen erhobenen Absolutheitsanspruchs und in ihrem unterschiedlichen Anspruch auf die Gestaltung des Lebens der

Menschen weiterhin Konkurrenten. Werden sie es aber schaffen, auch Weggefährten zu bleiben? Können Christen und Muslime ihrer gemeinsamen Verantwortung füreinander und für die gesamte Welt bewußt werden und von bloßen Weggefährten, die nebeneinander wandeln, gar zu Partnern werden, die miteinander zusammenarbeiten?

Man muß sich dessen bewußt sein, daß es nach einer Jahrhunderte währenden Gegnerschaft und erbitterten Rivalität für Christen und Muslime schwer ist, sich zu einer ruhigeren, sachlicheren Form des religiösen Gesprächs und zu einer positiveren Gestaltung der Zusammenarbeit durchzuringen.

2 Heutige Tendenzen

Man kann heute bei den Christen verschiedene Positionen in bezug auf die Begegnung mit den Muslimen erkennen. Das Mißtrauen herrscht weiterhin bei vielen Christen vor, entweder weil sie, wie hier in Europa, den Muslimen vor allem als Ausländern und Fremden begegnen, was zunächst einmal eine distanzierte Haltung hervorruft. Andere weisen hin auf das Schicksal der Christen in einigen Ländern der islamischen Welt, in denen sie unter dem Fanatismus und der Unterdrückung muslimischer Eiferer zu leiden haben. So fragen sich diese Christen, ob die Muslime je Partner der Christen werden können.

Auch in den Reihen der Muslime kann man eine Zurückhaltung gegenüber den Christen erkennen, die bei zahlreichen Gruppen bis zur Ablehnung partnerschaftlicher Beziehungen zu den Christen gehen. Es gibt sogar eine extreme Position, die den Dialog und die freundlichen Beziehungen zu den Christen als unzulässig, ja als gefährlich betrachtet. Diese Haltung herrscht bei denen, die die Christen durchweg und undifferenziert als Ungläubige verurteilen. Diese Muslime unterstreichen die Aussagen des Korans über die Opposition der Christen gegen den Islam, ihre Gefährlichkeit für den islamischen Glauben; sie betonen vor allem die Bestimmung des Korans, die Christen zu bekämpfen, bis sie sich dem Islam unterwerfen. Die milderen Koranstellen und die anderen Aussagen, die die Christen loben und ihnen eine Heilsmöglichkeit zugestehen, seien durch folgende Feststellung des Korans endgültig aufgehoben und außer Kraft gesetzt:

> „Wer eine andere Religion als den Islam sucht, von dem wird es nicht angenommen werden. Und im Jenseits gehört er zu den Verlierern" (3,85).

Es gibt aber Muslime, die den Dialog mit den Christen als zulässig ansehen. Sie berufen sich dabei auf die Aussage des Korans (16,125), der selbst den Dialog mit den Christen führte (3,64) und sogar eine legitime Pluralität der Religionen biblischer Tradition feststellt (2,148; 5,48). Außerdem verheißt der Koran das Heil allen, die an Gott und an den Jüngsten Tag glauben und das Gute tun (vgl. u.a. 2,25; 20,75–76; 29,58; 31,8–9 usw.). Die Christen werden an mehreren Stellen als Gläubige bezeichnet (z.B. 22,17) und mit den gläubigen Muslimen in die Gruppe derer eingestuft, die durch ihren Glauben und ihr sittliches Handeln gerettet werden:

> „Diejenigen, die glauben, und diejenigen, die Juden sind, und die Christen und die Sābier, all die, die an Gott und den Jüngsten Tag glauben und das Gute tun, erhalten ihren Lohn bei ihrem Herrn, sie haben nichts zu befürchten, und sie werden nicht traurig sein" (2,62; vgl. 5,69).

Die Muslime, die den Dialog mit den Christen als zulässig betrachten, bemerken manchmal mit Recht, daß die strengen Vorschriften und die politischen Maßnahmen des Korans gegen die Juden und die Christen den Zwängen der damaligen Situation entspringen. So sind sie nur durch ähnliche Situationen zu rechtfertigen, und zwar wenn die Christen gegen die Interessen der islamischen Gemeinschaft aktiv auftreten, wenn sie durch die Verderbtheit ihres sittlichen Wandels, durch ihren Widerstand gegen den Glauben oder durch eventuelle Versuche, die Muslime von ihrem Glauben abzubringen, eine Bedrohung für den Islam darstellen: für den Glauben der Muslime, für die Einheit der

Glaubensgemeinschaft und für die Existenz der islamischen Länder.

Gegenüber der Mehrheit der Muslime, welche den Dialog mit anderen Religionen als überflüssig betrachten, weil ja der Islam die endgültige und vollkommene Form der Religion sei, den Menschen alles biete, was sie nötig haben, um ihren Weg vor Gott zu finden, gibt es dennoch eine Minderheit, vor allem unter den Intellektuellen, die sich für den Dialog und die Zusammenarbeit mit den Christen ohne grundsätzliche Vorbehalte ausspricht. Denn ohne Aufgeschlossenheit gegenüber den anderen und ohne Kontakte mit ihnen sei in einer zusammenrückenden Welt ein halbwegs krisenfreies Weiterleben des Islams nicht zu gewährleisten. Die Stärkung des Islams heute mache ihn fähig, eine enge Zusammenarbeit mit den Christen anzustreben, damit Muslime und Christen gemeinsam Zeugnis für ihren Glauben an Gott geben und ihren Beitrag zur Lösung der Probleme unserer Zeit leisten.

Unter den vielen Erklärungen islamischer Organisationen sei hier nur eine zitiert, die der Kongreß der Islamischen Welt im August 1975 abgegeben hat (und in deren Geist er auch weitere hat folgen lassen):

„Eine echte Partnerschaft zwischen Christentum und Islam, den beiden größten Weltreligionen, ist natürlich und gottgewollt. Daher ist eine enge Zusammenarbeit zwischen Christen und Muslimen im Interesse des Weltfriedens und einer gesicherten Zukunft der Menschheit dringend geboten."

3 Perspektiven

Schneller als bei den Muslimen nimmt bei den Christen die Zahl derer zu, die für den Dialog und die Zusammenarbeit mit den Muslimen eintreten. Sie gründen ihre Haltung auf die Erklärungen des II. Vatikanischen Konzils und auf Stellungnahme der römischen Päpste (inzwischen ziemlich zahlreich und sehr eindeutig) und – für evangelische Christen – auf ähnliche Stellungnahmen protestantischer Kirchen und Kirchenverbände. Es seien hier nur zwei Stellen zitiert.

▷ Das II. Vatikanische Konzil, höchste Instanz im katholischen Bereich, hat erklärt:

„Der Heilswille (Gottes) umfaßt auch die, welche den Schöpfer anerkennen, unter ihnen besonders die Muslime, die sich zum Glauben Abrahams bekennen und mit uns den einen Gott anbeten, den barmherzigen, der die Menschen am Jüngsten Tag richten wird" (Lumen Gentium, 16).

▷ Weiter das Konzil: „Mit Hochachtung betrachtet die Kirche auch die Muslime, die den alleinigen Gott anbeten ... Sie bemühen sich, sich selbst seinen Ratschlüssen mit ganzer Seele zu unterwerfen ... Überdies erwarten sie den Tag des Gerichtes, an dem Gott alle Menschen auferweckt und ihr Vergelter ist. Daher haben sie eine hohe Achtung vor dem sittlichen Leben und verehren Gott insbesondere durch Gebet, Almosen und Fasten. Da jedoch im Laufe der Jahrhunderte nicht wenige Zwistigkeiten und Feindschaften zwischen Christen und Muslimen entstanden sind, ermahnt die Heilige Synode alle, daß sie das Vergangene beiseite lassen, sich aufrichtig um gegenseitiges Verstehen bemühen und gemeinsam die soziale Gerechtigkeit, die sittlichen Güter sowie Frieden und Freiheit für alle Menschen schützen und fördern" (Nostra aetate, 3).

Im Bewußtsein ihrer Zusammengehörigkeit und ihrer gemeinsamen Verantwortung haben Christen und Muslime die Pflicht, ihre Gegnerschaft zu überwinden, Solidarität miteinander zu üben und ihren Beitrag zur Lösung der Probleme unserer Welt zu leisten. Diese Probleme werden immer wieder von Christen und Muslimen angesprochen: Gerechtigkeit, Frieden, Freiheit, Festigung der sittlichen Werte und Zurückführung abständiger Menschen zum Glauben an Gott.

Ich darf weitere Anliegen hinzufügen:

▷ Wahrung der Identität der Menschen und der Gemeinschaften;

- ▷ Möglichkeit des Zusammenlebens in einer pluralen, multikulturellen, weltanschaulich differenzierten Gesellschaft;
- ▷ Erziehung der Kinder und Förderung der Jugendlichen;
- ▷ Integrierung der Kranken und der alten Menschen in das allgemeine Leben der Gemeinschaft;
- ▷ Schutz des geborenen und ungeborenen Lebens und Erhöhung der Lebensqualität;
- ▷ Bewahrung der Schöpfung und Harmonie zwischen Mensch und Natur;
- ▷ Entwicklung und Solidarität, universale Brüderlichkeit ...

Wir könnten diese Ausführungen um einige andere vermehren. Eines wollen wir hier festhalten: Unsere Zwistigkeiten und unsere Feindschaft, die in der Vergangenheit unsere Beziehungen zu einer Geschichte der Konfrontation gemacht haben, sind die Folgen von Überheblichkeit, Unverständnis, Ablehnung, Verschlossenheit gewesen. Was in Vergessenheit geriet, ist die Tatsache, daß der Glaube auf Gott verweist, daß diese Gottverwiesenheit ein gemeinsames Merkmal aller Gläubigen ist. Alle stehen unter dem Wort Gottes in der Haltung derer, die zuhören und bereit sind, ihm zu folgen, sich dem Willen Gottes anheimzugeben und sich seiner Liebe hinzugeben.

Dieses Glauben, dieses gemeinsame Stehen unter dem Wort Gottes sollte uns, Christen und Muslime, einander näherbringen und uns ermöglichen, in unserer einen Welt unsere Zusammengehörigkeit miteinander und mit allen Menschen zu erfahren.

Wir, Christen und Muslime, dürfen nicht mehr gegeneinander sein und Gegner bleiben. Wir dürfen nicht nebeneinander wie Fremde leben und uns gegenseitig als Konkurrenten betrachten. Wir müssen miteinander wirken und Partner sein. Und wir sollten es anstreben und es auch schaffen, füreinander dazusein und Freunde zu werden.

Literaturhinweise

Der Koran. Übersetzung von *Adel Theodor Khoury.* Unter Mitwirkung von Muhammad Salim Abdullah (GTB 783), Gütersloh [2]1992.

Adel Theodor Khoury. So sprach der Prophet. Worte aus der islamischen Überlieferung (GTB 785), Gütersloh 1988.

Adel Theodor Khoury. Der Koran. Arabisch-Deutsch: Übersetzung und wissenschaftlicher Kommentar, Bd. I, Gütersloh 1990; Bd. II, Gütersloh 1991, Bd. III, Gütersloh 1992.

Adel Theodor Khoury / L. Hagemann / P. Heine, Islam-Lexikon, 3 Bände, (Spektrum 4036). Herder, Freiburg 1991.

P. Antes, Ethik und Politik im Islam, Stuttgart 1982.

F. Buhl, Das Leben Muhammeds, Heidelberg [3]1961.

W. Ende / U. Steinbach (Hrsg.), Der Islam in der Gegenwart, München 1984.

L. Hagemann. Christentum und Islam zwischen Konfrontation und Begegnung (Religionswissenschaftliche Studien 4), Würzburg/Altenberge [2]1990.

–, Zwischen Religion und Politik, in: *L. Hagemann / E. Pulsfort* (Hrsg.), „Ihr alle aber seid Brüder". Festschrift für A. Th. Khoury zum 60. Geburtstag, Würzburg/Altenberge [2]1990, S. 244–260.

A. Th. Khoury, Einführung in die Grundlagen des Islams, Graz/Wien/Köln [2]1981.

–, Toleranz im Islam, München/Mainz 1980; Altenberge [2]1986.

–, Islamische Minderheiten in der Diaspora, München/Mainz 1985.

–, Der Islam; sein Glaube – seine Lebensordnung – sein Anspruch (Herder/Spektrum 4167), Freiburg 1992.

–, Frieden, Toleranz und universale Solidarität in der Sicht des Islams, in: *Heinz Althaus* (Hrsg.), Christentum, Islam und Hinduismus vor den großen Weltproblemen, Altenberge 1988, S. 50–79.

–, Wer war Muḥammad? Lebensgeschichte und prophetischer Anspruch (Herder Taschenbuch 1719), Freiburg 1990.

–, Was ist los in der islamischen Welt? Die Konflikte verstehen. Herder, Freiburg [3]1991.

–, Was sagt der Koran zum Heiligen Krieg?, Gütersloh 1991.

T. Nagel, Staat und Glaubensgemeinschaft im Islam. Geschichte der politischen Ordnungsvorstellungen im Islam, 2 Bde., Zürich 1981.

A. Noth, Heiliger Krieg und heiliger Kampf in Islam und Christentum, Bonn 1966.
–, Möglichkeiten und Grenzen islamischer Toleranz im Islam, in: Saeculum 29 (Freiburg/München 1978), S. 190–204.
R. Paret, Toleranz und Intoleranz im Islam, in: Saeculum 21 (Freiburg/München 1970), S. 344–365.
A. Schimmel u. a., Der Islam III (Die Religionen der Menschheit 25,3), Stuttgart 1990.
B. Tibi, Die Krise des modernen Islams, Frankfurt ²1990.
–, Der Islam und das Problem der kulturellen Bewältigung sozialen Wandels, Frankfurt/M. 1985.
–, Vom Gottesreich zum Nationalstaat. Islam und panarabischer Nationalismus, Frankfurt/M. 1987.
W. M. Watt/A. T. Welch, Der Islam I (Die Religionen der Menschheit 25,1), Stuttgart 1980.
W. M. Watt/M. Marmuta, Der Islam II (Die Religionen der Menschheit 25,2), Stuttgart 1985.

Bücher zum Thema von Adel Theodor Khoury

Der Islam
Sein Glaube, seine Lebensordnung, sein Anspruch
HERDER/SPEKTRUM Band 4167, 240 Seiten, Paperback.
ISBN 3-451-04167-7

Zwei Millionen Muslime leben mitten unter uns. Weltweit ist der Islam im Vormarsch. Was wissen wir über diese Religion?

Islam-Lexikon
Geschichte, Ideen, Gestalten
Herausgegeben von Adel Theodor Khoury, Ludwig Hagemann und Peter Heine
HERDER/SPEKTRUM Band 4036, drei Bände in Kassette, 944 Seiten, Paperback. ISBN 3-451-04036-0

Islam kompakt. Mit allen wichtigen Stellen des Korans. „Ein echter Gewinn. Das konkurrenzlose Standardwerk" (Rheinischer Merkur).

Was ist los in der islamischen Welt?
Die Konflikte verstehen
3. Auflage, 160 Seiten, Paperback. ISBN 3-451-22397-X

„Khoury bietet eine ausführliche Untersuchung der Renaissance des Islam, ohne in die verbreitete panikmachende Einschätzung des ‚Fundamentalismus' zu verfallen" (Badische Zeitung).

Wer war Muhammad?
Lebensgeschichte und prophetischer Anspruch
Herderbücherei Band 1719, 128 Seiten, Paperback.
ISBN 3-451-08719-7

Einen gefährlichen Schwärmer nannten ihn seine Gegner, Gesandter Gottes ist er für die Muslime. Was für ein Mensch war Muhammad wirklich?

Herder Freiburg · Basel · Wien

Die faszinierende Welt der Religionen

Emma Brunner-Traut
Die fünf großen Weltreligionen
Islam, Judentum, Buddhismus, Hinduismus, Christentum
4. Auflage, HERDER/SPEKTRUM Band 4006, 146 Seiten,
Paperback. ISBN 3-451-04006-9

„Eine prägnante, präzise und umfassende Einführung. Das Standardwerk zur grundlegenden Information" (Katholisches Sonntagsblatt).

Lexikon der Religionen
Phänomene, Geschichte, Ideen
Herausgegeben von Hans Waldenfels
Begründet von Franz König
HERDER/SPEKTRUM Band 4090, 738 Seiten, Paperback.
ISBN 3-451-04090-5

„In Fachkompetenz, Klarheit und Aktualität einzigartig" (Süddeutscher Rundfunk).

Lexikon der Sekten, Sondergruppen und Weltanschauungen
Fakten, Hintergründe, Klärungen
Herausgegeben von Hans Gasper, Joachim Müller, Friederike Valentin
4. Auflage, 616 Seiten, gebunden. ISBN 3-451-21408-3

„Ein fundiertes Handbuch und praktisches Nachschlagewerk von Spezialisten aller Konfessionen" (Evangelische Kommentare).

Jakob J. Petuchowski/Clemens Thoma
Lexikon der jüdisch-christlichen Begegnung
256 Seiten, gebunden. ISBN 3-451-21245-5

„Knapper, klarer und zugleich auf dem gegenwärtigen Stand der internationalen Forschung kann man sich nicht informieren" (Religionsunterricht an höheren Schulen).

Herder Freiburg · Basel · Wien